FORSCHUNGSKONZEPT 2023–2028

Räumliche Transformation in Zeiten multipler Krisen

Hannover 2024

An der Erarbeitung des Forschungskonzepts waren zahlreiche Personen aus dem Netzwerk und der Geschäftsstelle der ARL sowie externe Expertinnen und Experten beteiligt. Besonderer Dank gilt dem Wissenschaftlichen Beirat, dem Nutzerbeirat sowie Mitgliedern der Akademie, die den Entwurf kommentiert haben, und den Teilnehmerinnen und Teilnehmern diverser thematischer Workshops.

An der Erstellung des Forschungskonzepts haben direkt mitgewirkt:

Das Präsidium der ARL:
Prof. Dr.-Ing. Sabine Baumgart, Bremen (Präsidentin bis 2022)
Prof. Dr. Rainer Danielzyk, Hannover (Generalsekretär bis 2/2024)
Petra Schmidt-Kaden, Schwerin (Vizepräsidentin)
Prof. Dr. Annette Spellerberg, Kaiserslautern (Vizepräsidentin)
Prof. Dr. Susan Grotefels, Münster (Vizepräsidentin seit 2023)
Prof. Dr. Axel Priebs, Kiel (Vizepräsident bis 2022, Präsident seit 2023)

Aus der Geschäftsstelle der ARL:
Prof. Dr. Rainer Danielzyk
Dr. Tanja Ernst
Dr. Sebastian Krätzig
Dr. Ina Peters

Dr. Martina Hülz
Dr. Katharina Kapitza (seit 4/2023)
Prof. Dr. Andreas Klee
apl. Prof. Dr. Tanja Mölders (bis 1/2023)
Dr.-Ing. Martin Sondermann
Dr. Barbara Warner

Das Forschungskonzept wurde im Wissenschaftlichen Beirat,
im Nutzerbeirat und im Kuratorium beraten.
Es wurde vom Kuratorium am 12.12.2023 genehmigt.

Forschungskonzept 2023–2028 – Räumliche Transformation in Zeiten multipler Krisen.
ISBN 978-3-88838-566-7 (PDF-Version)
https://nbn-resolving.org/urn:nbn:de:0156-56679
Die PDF-Version ist unter https://www.arl-net.de/shop frei verfügbar (Open Access)

ISBN 978-3-88838-567-4 (Print-Version)
Druck: Books on Demand GmbH, 22848 Norderstedt

Verlag der ARL – Hannover 2024
Redaktion: S. Krätzig, I. Peters
Sprachliches Lektorat: H. Wegner
Satz und Layout: G. Rojahn, O. Rose

ARL – Akademie für Raumentwicklung in der Leibniz-Gemeinschaft
Vahrenwalder Straße 247
30179 Hannover
Tel. +49 511 34842-0
Fax +49 511 34842-41
arl@arl-net.de
www.arl-international.com
www.arl-net.de

Inhalt

Abkürzungsverzeichnis

AAK	Ad-hoc-Arbeitskreis
AG	Arbeitsgruppe
AK	Arbeitskreis
ARL	Akademie für Raumentwicklung in der Leibniz-Gemeinschaft
BauGB	Baugesetzbuch
BMBF	Bundesministerium für Bildung und Forschung
BRD	Bundesrepublik Deutschland
COMPASS	Comparative Analysis of Territorial Governance and Spatial Planning Systems in Europe
Covid-19	Coronavirus disease 2019
DDR	Deutsche Demokratische Republik
DFG	Deutsche Forschungsgemeinschaft
EFRE	Europäischer Fonds für Regionale Entwicklung
ESF	Europäischer Sozialfonds
ESPON	Europäisches Forschungsnetzwerk für Raumentwicklung und territorialen Zusammenhalt
EU	Europäische Union
EWG	European Working Group
E-Health	Electronic Health
E-Mobilität	Elektromobilität
FF	Forschungsfeld
Fraunhofer ICT	Fraunhofer-Institut für Chemische Technologie
Fraunhofer ISI	Fraunhofer-Institut für System- und Innovationsforschung
Fraunhofer UMSICHT	Fraunhofer-Institut für Umwelt-, Sicherheits- und Energietechnik
FZ	Forschungszentrum
5G	Mobilfunknetz
IAK	Internationaler Arbeitskreis
IIK	Informations- und Initiativkreis
INTERREG	Europäische territoriale Zusammenarbeit
ISOE	Institut für sozial-ökologische Forschung
ITAS	Institut für Technikfolgenabschätzung und Systemanalyse
KI	Künstliche Intelligenz
KIT	Karlsruher Institut für Technologie
KRITIS	Kritische Infrastruktur
LAG	Landesarbeitsgemeinschaft
LAG-AG	Arbeitsgruppe einer Landesarbeitsgemeinschaft
Leibniz R	Räumliches Wissen für Gesellschaft und Umwelt
LeNa	Leitfaden Nachhaltigkeit
LMU	Ludwig-Maximilians-Universität München
MPIWG	Max-Planck-Institut für Wissenschaftsgeschichte
NGO	Nichtregierungsorganisation
NRW	Nordrhein-Westfalen
NS	Nationalsozialismus
RA	Redaktionsausschuss
RAG	Reichsarbeitsgemeinschaft für Raumforschung
ROG	Raumordnungsgesetz
RWTH	Rheinisch-Westfälische Technische Hochschule Aachen
RuR	Raumforschung und Raumordnung
SDG	Sustainable Development Goal

TRUST	Transdisciplinary Rural Development Studies
TU	Technische Universität
ZALF	Leibniz-Zentrum für Agrarlandschaftsforschung
ZMT	Leibniz-Zentrum für Marine Tropenforschung
ÖPNV	Öffentlicher Personennahverkehr

1 Einleitung

Die ARL – Akademie für Raumentwicklung in der Leibniz-Gemeinschaft ist eine selbstständige und unabhängige raumwissenschaftliche Einrichtung öffentlichen Rechts mit Sitz in Hannover. Als Leibniz-Einrichtung wird sie aufgrund der überregionalen Bedeutung und des gesamtstaatlichen wissenschaftspolitischen Interesses gemeinsam von Bund und Ländern gefördert. Die inhaltliche Arbeit der ARL erfolgt vor allem in inter- und transdisziplinär arbeitenden Gremien, in denen herausragende Fachleute aus Wissenschaft und Praxis unentgeltlich zusammenwirken.

Aufgabe der ARL ist die wissenschaftlich fundierte Analyse und Beratung der Raumentwicklung. Die großen gegenwärtigen Herausforderungen wie Klimawandel, Verlust von Biodiversität, Digitalisierung und soziale Ungleichheiten haben eine räumliche Dimension, die fachlich untersucht, von Medien thematisiert und von Politik und Verwaltung gestaltet wird.

Dies wurde zuletzt vor allem durch die Covid-19-Pandemie deutlich, deren räumliche Bezüge drastisch spürbar waren: durch die ungleiche Verteilung der Infektionsverläufe, die deutliche Wahrnehmung von Grenzen und die Sperrung öffentlicher Räume wie Spiel- und Sportplätze sowie weitreichende Kontaktbeschränkungen. Dass Grenzen nicht nur zu anderen Staaten, sondern auch zwischen Bundesländern über Jahre gravierende Auswirkungen haben können, hätte „vor Corona“ wohl kaum jemand gedacht. Zugleich ist im Zusammenhang der Pandemie deutlich geworden, wie wichtig eine dezentrale, leistungsfähige administrative Struktur (Bundesländer, Kommunen) für die Bewältigung von Krisen ist (vgl. Forschungsfeld I, Kapitel 4.1).

Der Klimawandel ist in Deutschland mit räumlich differenzierten Auswirkungen bemerkbar. Zudem hat die Politik für eine Energiewende in Deutschland teilräumlich sehr unterschiedliche Relevanz (vgl. Forschungsfeld II, Kapitel 4.2). So führt der politisch beschlossene Ausstieg aus der Kohleverstromung gerade in den Braunkohlerevieren zu Strukturbrüchen, die eine differenzierte Transformationspolitik und -planung erfordern. Die Planungen für die Standorte der regenerativen Energieerzeugung (insbesondere Windkrafträder und Photovoltaikanlagen) sowie für die Übertragungsnetze sind die aktuell wohl größten Herausforderungen für die raumbezogenen Planungen (vgl. Forschungsfeld III, Kapitel 4.3).

Die Chancen und Stärken einer räumlich integrierten Planung wie die Schaffung von Planungs- und Investitionssicherheit sowie die Einbindung einer Vielzahl von Akteuren werden vielfach zu wenig gesehen. Vielmehr werden eine mangelnde Flexibilität sowie Defizite bei der Umsetzung der Planungen hervorgehoben. Einerseits gewinnen in diesem Kontext die raumbezogenen Fachplanungen und Sektoralpolitiken an Bedeutung, andererseits aber auch die integrierten, strategischen Gestaltungsansätze. Erfolgreiche räumliche Transformation ist auch von der Flexibilität, Innovationsbereitschaft und Leistungsfähigkeit der Raumplanung und Raumentwicklung abhängig. Es ist ein wesentliches Anliegen der ARL, eine nachhaltige, transformativ orientierte Raumentwicklung durch inter- und transdisziplinäre Arbeiten zu unterstützen.

Mit ihrer transdisziplinär und netzwerkförmig organisierten Arbeitsweise ermöglicht die ARL das enge Zusammenwirken und den umfassenden Austausch von Wissenschaft und Praxis. Die Forschungs- und Transfertätigkeiten, die das personelle Netzwerk in einem breiten Angebot wechselnder, überwiegend befristeter Arbeitsgremien leistet, führen zu wichtigen Erkenntnissen zur Entwicklung räumlicher Strukturen und deren politisch-planerischer Gestaltung. Zugleich bietet der so initiierte Wissenstransfer einen doppelten Mehrwert: Die Co-Produktion von Wissen erweitert fachliche und sektorale Perspektiven und fördert damit Innovation; es fließt in die hauptberuflichen Tätigkeiten der Mitwirkenden ein. Darüber hinaus macht die ARL diese Erkenntnisse allen fachlich Interessierten und politisch-administrativen Verantwortlichen sowie der Öffentlichkeit dauerhaft zugänglich.

2 Organisation und Arbeitsweise der ARL

Die ARL als Akademie umfasst einerseits das personelle Netzwerk und andererseits die Geschäftsstelle mit Sitz in Hannover.

> Das **personelle Netzwerk** besteht aus gewählten **Mitgliedern der Akademie** und weiteren, durch das Präsidium berufenen **Mitwirkenden**. Als gewählte Vertretung der Akademiemitglieder leitet das ehrenamtlich tätige Präsidium die inhaltliche Arbeit der Akademie und vertritt sie nach außen.

> Die **Geschäftsstelle** mit ihren hauptamtlichen Mitarbeitenden organisiert und begleitet die laufende Arbeit des Netzwerks und fungiert dabei als Managementeinrichtung und wissenschaftliche Impulsgeberin. Die Geschäftsstelle wird vom Generalsekretär geleitet.

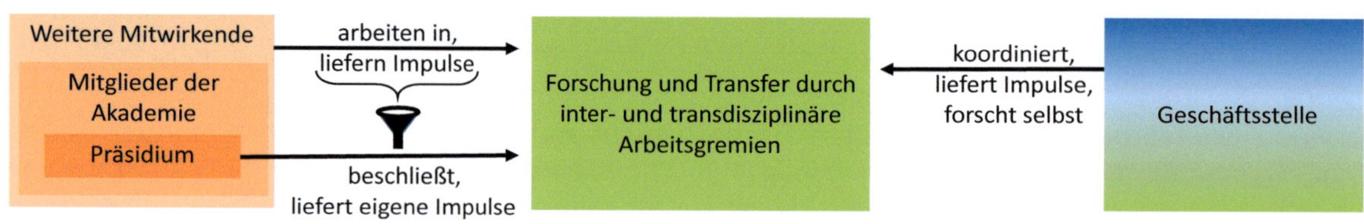

Abb. 1: Struktur der ARL (vereinfacht) (eigene Darstellung)

Mit ihrer Arbeitsweise führt die ARL unterschiedliche Untersuchungsperspektiven und -ebenen zusammen. Dabei orientiert sie sich am Leitbild der nachhaltigen Raumentwicklung (gemäß § 1 Abs. 2 ROG) und der nachhaltigen Stadtentwicklung (gemäß § 1 Abs. 5 BauGB), dem die Planungspraxis verpflichtet ist. Die Orientierung an einer nachhaltigen Entwicklung beinhaltet die integrative Betrachtung sozialer, ökonomischer und ökologischer Aspekte der räumlichen Entwicklung. Darüber hinaus verbindet sich nachhaltige Raumentwicklung mit einem doppelten Gerechtigkeitsgebot: Intragenerationell gilt es, Gerechtigkeit zwischen den heute lebenden Gruppen herzustellen (z. B. Nord-Süd-Gerechtigkeit, Geschlechtergerechtigkeit, Verteilungs- und Prozessgerechtigkeit), intergenerationell darf die Bedürfniserfüllung der heute lebenden Generationen nicht zulasten zukünftiger Generationen erfolgen.

Die ARL beachtet ausdrücklich den globalen Kontext, da für viele raumrelevante Fragestellungen Rahmenbedingungen wie Problemlösungen in internationalen Zusammenhängen zu sehen sind. Auch die (internationalen) Diskussionen zur langfristigen Transformation gesellschaftlicher und wirtschaftlicher Prozesse werden einbezogen, da ohne sie Strategien einer nachhaltigen Raumentwicklung auch auf lokaler und regionaler Ebene vielfach nicht sinnvoll konzipierbar sind. Hierzu werden – im Sinne zweier Querschnittsperspektiven – neben internationalen bewusst auch geschlechtersensible Perspektiven eingenommen, um Prozesse zur nachhaltigen Raumentwicklung und Transformation mit Blick auf die genannten Gerechtigkeitsaspekte gezielter zu reflektieren. Diese normativen Prämissen schließen unmittelbar an die konzeptionellen Grundlagen räumlicher Planung und Entwicklung an, wie sie z. B. durch Überfachlichkeit und Gleichwertigkeit zum Ausdruck gebracht werden.

Die Arbeitsweise bezieht sich auf alle politisch-administrativen Ebenen: von der internationalen und nationalen Ebene über Länder und Regionen bis zu Städten und Gemeinden. Sie trägt der zunehmenden Verschränkung dieser Ebenen und der Verlagerung von Kompetenzen auf übergeordnete Ebenen Rechnung und vernachlässigt dabei die kommunale Ebene nicht, der aufgrund der kommunalen Selbstverwaltungsgarantie ein besonderer Stellenwert bei Raumplanung und -entwicklung zukommt. Zugleich ist die zunehmende Bedeutung der Regionalisierung für Handlungsfelder wie Wohnen, Arbeiten und Versorgung zu beachten.

Die ARL als soziale Forschungsinfrastruktureinrichtung

Die ARL ist eine von vier Einrichtungen der sozialen Forschungsinfrastruktur in der Leibniz-Gemeinschaft. Als einzige **Akademie** in der Leibniz-Gemeinschaft ist sie eine Plattform für den raumwissenschaftlichen und raumplanerischen Diskurs im deutschsprachigen und immer stärker auch im europäischen Raum. Ihr Ziel ist, Expertinnen und Experten aus Wissenschaft und Praxis zusammenzubringen und gute Bedingungen zur Verfügung zu stellen, damit in Co-Produktion aus deren Wissen, Expertise und Erfahrungen neues Wissen entstehen kann: Synthesewissen auf transdisziplinärer Basis, Transferwissen sowie Transformationswissen.

Die ARL ermöglicht raumbezogene Forschungen in unterschiedlichen und flexiblen Formaten, vor allem in Arbeitsgremien, in denen Expertinnen und Experten aus Wissenschaft und Praxis in einem begrenzten Zeitraum an wissenschaftlich bedeutsamen und in der Praxis relevanten Themen arbeiten. Die besonderen Aufgaben der ARL als soziale Forschungsinfrastruktureinrichtung liegen darin,

> themen- und problembezogen die jeweils herausragenden Expertinnen und Experten aus Wissenschaft und Praxis in einem wettbewerblichen Verfahren, bspw. mittels Calls for Membership, zusammenzubringen,

> die inhaltlichen und organisatorischen Rahmenbedingungen zu schaffen, um Synthese- und Transformationswissen zu erzeugen,

> den Ergebnistransfer „über die Köpfe“ und insbesondere durch Veranstaltungen und Publikationen zur Beratung von Gesellschaft, Politik und Verwaltung zu gewährleisten,

> die Wirkungen der Aktivitäten und erzielten Ergebnisse bei unterschiedlichen Zielgruppen und Stakeholdern zu erfassen,

> Forschung anzuregen über die spezifische Form der Wissensgenerierung, Co-Produktion und Dissemination (Transdisziplinarität) sowie den erzielten Impact,

> ergänzende Infrastrukturen (Bibliothek, Archiv) zur Verfügung zu stellen.

Neben den Arbeitsgremien werden zukünftig verstärkt kurzfristige Formate initiiert, in denen zeitnah auf aktuelle politische, planerische und wissenschaftliche Themen mit qualifiziertem Output reagiert werden kann. Hierzu gehören z. B. Praxis-Wissenschafts-Dialoge, exklusive internationale „Summits“ oder Online-Talks.

Thematische Clusterbildung

Die Wissenssynthese erfordert eine Verzahnung von unterschiedlichen Arbeits- und Transferformaten, die über die Strukturierung der Akademiearbeit nach Forschungsfeldern hinausgeht und innerhalb dieser Akzente setzt. Unabhängig von der Einordnung in die Forschungsfelder können mittels einer solchen Bündelung von spezifischen Frage- bzw. Themenstellungen nachhaltiger Raumentwicklung Aktivitäten zielgerichteter zusammengeführt werden.

Dieser Ansatz wird künftig nicht nur zur Darstellung von Ergebnissen, sondern proaktiv für die Strategie- und Programmplanung genutzt. Alle Aktivitäten und Formate – von internationaler bis zur Ebene der Länder und Regionen –, die sich mit ähnlichen Themen befassen, werden verbunden und in neuer Form zu sog. thematischen Clustern zusammengefasst. Dies umfasst insbesondere folgende Aspekte:

> Dynamische Strukturierung der Aktivitäten: Cluster entwickeln sich aus aktuellen und grundlegenden Aufgabenstellungen der Raumentwicklung

> Synergieeffekte durch frühzeitige Verbindung verschiedener Formate

> Wirkungsorientierte Steuerung: Die Abschätzung und Plausibilisierung von Wirkungen der ARL erfolgt vorwiegend anhand und auf Ebene der Cluster

> Flexibilität bei den Aktivitätsformen, die zu einem Cluster initiiert werden

> Fokussierte Darstellung von laufenden Aktivitäten und Arbeitsergebnissen

3 Wissenschaftliches Profil der ARL

Als Akademie ermöglicht die ARL raumbezogene Forschungen, verbreitet einschlägige Ergebnisse und vernetzt Wissenschaft und Praxis. Aufgrund ihrer Struktur und Arbeitsweise ist sie in besonderer Weise dazu befähigt, grundlagen- und anwendungsorientierte inter- und transdisziplinäre Forschung zu initiieren und zu organisieren. Im Zentrum stehen der Austausch und die Weiterentwicklung von bereits vorhandenen Wissensbeständen und Erfahrungen in raumbezogener Wissenschaft und Praxis (transdisziplinäre Wissenssynthese).

Basierend auf der langfristigen Entwicklung des personellen Netzwerks sowie kontinuierlichen Arbeitszusammenhängen ist die ARL in der Lage, öffentliche Debatten mitzugestalten und empirische Erkenntnisse sowie Theorie- und Methodenentwicklung zu reflektieren. Neben der Zusammenfassung des aktuellen Wissensstands in Grundlagenwerken beinhaltet dies auch die Auf bereitung und Nutzbarmachung des Wissens für Staat und Gesellschaft (insbesondere für Forschung und Lehre, Politik, Verwaltung und Wirtschaft) sowie die Bereitstellung des Wissens für die Öffentlichkeit.

In Zusammenarbeit von personellem Netzwerk und Geschäftsstelle wird eine große Kontinuität in Forschung, Transfer und Bereitstellung von Infrastrukturen erreicht. Mittels dieser Kontinuität sind thematische Schwerpunktsetzungen auch jenseits von Themenkonjunkturen möglich. Dies kann an einigen ausgewählten Beispielen langfristiger Forschungsperspektiven und ihrer Anwendung für transdisziplinäre Wissenssynthese verdeutlich werden:

> Zum Themenfeld der Energiewende bearbeitet die ARL seit vielen Jahren Fragen insbesondere zur planerischen Steuerung auf regionaler sowie kommunaler Ebene in verschiedenen Formaten. Bereits von 2007 bis 2013 beschäftigte sich ein Arbeitskreis intensiv mit der Bedeutung des Klimawandels für die Raumplanung. Die Energiewende wurde und wird immer stärker eingebettet in übergreifende Kontexte der Notwendigkeit zur Klimaanpassung und zur „Großen Transformation“ (Arbeitskreis „Nachhaltige Raumentwicklung für die große Transformation“ 2016–2021). Während einerseits dezidiert Fragen planerischer Steuerung und Ermöglichung von politischen Festlegungen (2%-Flächenziel für Windenergie) im Fokus stehen (Ad-hoc-Arbeitskreis „Windenergie an Land“ 2022/23), werden andererseits die damit verbundenen räumlichen Transformationsprozesse in ihren gesamtgesellschaftlichen Wirkungszusammenhängen analysiert (z. B. Arbeitsgruppe „Große Transformation und nachhaltige Raumentwicklung“ der Landesarbeitsgemeinschaften Baden-Württemberg und Bayern). Zudem werden hierbei auf innovative Weise analytische Zugänge wie die Geschlechterforschung operationalisiert (DFG-Projekt „Räumliche Transformationsprozesse der Energiewende – Planungsbezogene Analyse- und Gestaltungspotenziale der Geschlechterforschung“, Internationaler Arbeitskreis „Gender- and Climate-just Cities and Urban Regions“) (vgl. Forschungsfeld II, Kapitel 4.2.2.1 sowie 4.2.2.2).

> Für die Erforschung von und Wissenssynthese zu Planungssystemen und räumlichen Steuerungsansätzen in Europa hat die ARL über viele Jahre hinweg Erfahrung mit vergleichender Forschung und der Einbindung von Praxis-Akteuren im internationalen Kontext aufgebaut. Das COMPASS-Projekt (Comparative Analysis of Territorial Governance and Spatial Planning Systems in Europe), von 2016 bis 2018 in Kooperation mit ESPON und der TU Delft durchge-

führt, reihte sich in eine 20-jährige Abfolge von Ansätzen zum Vergleich insbesondere europäischer Planungssysteme ein. Aus den zentralen Empfehlungen des Projekts leitete die ARL den Auftrag ab, eine internationale Online-Plattform aufzubauen, die vergleichbare Informationen und Daten zu den europäischen Planungssystemen bereitstellt und den Austausch fördert. Dies wurde mit *arl-international.com* realisiert (vgl. Forschungsfeld III, Kapitel 4.3.2.4).

> Zum Themenfeld der Planungstheorie arbeitet die ARL als zentrale Plattform für die deutschsprachige Planungstheorie-Community kontinuierlich. Der Arbeitskreis „Planungstheorien – Stand und Perspektiven" (2013–2018) hat mit einem Hand- und Lehrbuch zu Planungstheorien einen wichtigen Grundstein für die deutschsprachige Planungsforschung und -lehre gelegt. Ebenfalls mit Planungstheorien beschäftigte sich parallel der Arbeitskreis „Mind the Gap" (2013–2016), der transdisziplinär arbeitete und sich in mehreren Publikationen dem Verhältnis von Theorien, Wissenschaft und Praxis widmete. Der Arbeitskreis „Zukunft der Planung" (seit 2020) greift gemeinsam mit Praktikerinnen und Praktikern die Frage nach den Perspektiven der Planung wieder auf und erarbeitet theoriegeleitete Szenarien für die Planungspraxis der Zukunft. Zugleich werden im Internationalen Arbeitskreis „Beyond the Process" (seit 2022) bestehende, zumeist prozedurale Planungstheorien kritisch diskutiert und eine neue Fundierung von Planungstheorie und -praxis erarbeitet (vgl. Forschungsfeld III, Kapitel 4.3.2.5).

> Ein weiteres langfristig entwickeltes Themenfeld ist Gesundheit im Kontext räumlicher Planung, das von der ARL seit 2013 thematisiert und im Rahmen eines Arbeitskreises und eines Kongresses inter- und transdisziplinär bearbeitet wurde. Auf Basis dieser Vorarbeiten konnte die ARL schnell bestehende Erkenntnisse und neue Fragestellungen, die sich im Jahr 2020 aus der Covid-19-Pandemie ergaben, in ihren Forschungs- und Transferformaten aufgreifen und das Thema mit einem Positionspapier zur Bedeutung der Pandemie für die Raumentwicklung (2021), einem Positionspapier zur planerischen Steuerung der Krankenhausversorgung (2023) sowie einem Internationalen Arbeitskreis zu „Urban Planning for Health Equity" (seit 2022) zu einem neuen Schwerpunktthema für die Jahre 2023–2028 ausbauen. In diesem Kontext sind weitere Aktivitäten geplant (vgl. Forschungsfeld I, Kapitel 4.1.2.3).

4 Forschungsschwerpunkte 2023–2028

Das Forschungskonzept der ARL ist maßgeblich von Kriterien wie Aktualität, Originalität und Relevanz der Forschungsthemen für Politik, Verwaltung (vor allem in den Bereichen Raumentwicklung und Raumplanung), Zivilgesellschaft und Wirtschaft geprägt. Es strukturiert die mittelfristigen Forschungsaktivitäten der ARL in den Jahren 2023 bis 2025, eröffnet langfristige Forschungsperspektiven bis 2028 und dient darüber hinaus als Themenspeicher für die zukünftige Akademiearbeit. Im Forschungskonzept werden bewusst breite thematische Korridore definiert, die nicht deckungsgleich mit konkreten Forschungsprojekten und Arbeitsgremien sind. Der Vorschlag konkreter Forschungsfragen und die Initiierung neuer Arbeitsgremien und Aktivitäten erfolgen dagegen im Wesentlichen durch Mitglieder des personellen Netzwerks (bzw. bereits bestehende Arbeitsgremien) und/oder Mitarbeiterinnen und Mitarbeiter der Geschäftsstelle. Über die Einrichtung von Gremien entscheidet das Präsidium der ARL auf der Basis einer Empfehlung des 2023 neu eingerichteten Beratungsgremiums für Arbeitsgremien. Mit dessen Einrichtung sollen die qualitätsorientierte „Vorprüfung" und Transparenz der Entscheidungen verbessert werden.

Kapitel 4 skizziert, welche Themen die Akademie mittel- und langfristig aufgreifen und welche Schwerpunkte sie setzen will. Diese inhaltliche Arbeit wird durch folgende vier Forschungsfelder strukturiert:

> Forschungsfeld I: Gesellschaft und Wirtschaft in der Transformation
(Society and economy in transition)

> Forschungsfeld II: Schutz und Nutzung natürlicher Ressourcen, Energiewende
(Protection and use of natural resources, energy transitions)

> Forschungsfeld III: Theorien und Praxis räumlicher Planung
(Theories and practice of spatial planning)

> Forschungsfeld IV: Reflexion von Raumforschung und Raumentwicklung
(Reflection on spatial research and spatial development)

Die Forschungsfelder I und II repräsentieren die wesentlichen inhaltlichen Schwerpunkte aktueller raumwissenschaftlicher Forschung sowie raumplanerischer Praxis und leiten sich aus den großen Herausforderungen der heutigen Zeit ab. Die Inhalte der Forschungsfelder können nicht trennscharf abgegrenzt werden, da es im Bereich der Raumentwicklung immer wieder vielfältige thematische Schnittstellen und Verknüpfungen gibt. Die Forschungsfelder III und IV sind von vornherein querschnittsorientiert angelegt. Forschungsfeld III untersucht, wie raumbezogene Planung und Entwicklung sowie ihre rechtliche Ausgestaltung angesichts eines deutlich veränderten Staats- und Planungsverständnisses und neuer Anforderungen an die Beteiligungskultur organisiert und mit wirksamen Instrumenten ausgestattet werden können. Zudem spielen dort ihre historische Genese und internationale Vergleiche eine Rolle. Fragen bezüglich Teilhabe und Machtverhältnissen aus Geschlechterperspektiven, die für alle Forschungsfelder Relevanz besitzen, werden hier gebündelt adressiert und punktuell mit Themen in den Forschungsfeldern I und II verknüpft. Mit dem Forschungsfeld IV „Reflexion von raumbezogener Forschung und Raumentwicklung“ wird das Forschungskonzept 2023–2028 erstmals um ein eigenes Forschungsfeld für die reflexive und forschungsfeldübergreifende Forschung der ARL zu Transfer und Wirkung ergänzt. Es umfasst Aktivitäten zur Weiterentwicklung des Wissenschaftsverständnisses der ARL, ihrer transdisziplinären Arbeitsmethoden und des Wissenstransfers sowie der Analyse und Reflexion von Wirkungspotenzialen. Dieser Bereich hat für die ARL als Einrichtung der sozialen Forschungsinfrastruktur eine zunehmende Bedeutung. Zudem werden in Forschungsfeld IV auch die Beteiligungen an stärker wissenschaftstheoretisch und methodologisch ausgerichteten Verbundprojekten im Drittmittelbereich zusammengefasst.

Wie die nachfolgenden Ausführungen zeigen, befassen sich alle Forschungsfelder mit den großen Herausforderungen der heutigen Zeit. Dabei geht es im Sinne von Resilienz um die Robustheit und Anpassungsfähigkeit ökologischer, gesellschaftlicher und wirtschaftlicher Systeme sowie von Infrastrukturen und die Schaffung langfristig tragfähiger, nachhaltiger und sozial gerechter Raumstrukturen.

Zukünftig werden besonders bedeutsame Schwerpunkte der Akademiearbeit in sog. thematischen Clustern zusammengefasst, die forschungsfeld- und themenbereichsübergreifend angelegt sind. Thematische Cluster bündeln verschiedene Arbeits- und Transferformate zu einem inhaltlich bedeutsamen Thema der Raumentwicklung und dienen vor allem der Fokussierung des Outputs und der verbesserten Außendarstellung der ARL-Aktivitäten. Zugleich können sie deren wirkungsorientierte Steuerung proaktiv fördern. Sie werden vom Präsidium eingerichtet.

4.1 Forschungsfeld I: Gesellschaft und Wirtschaft in der Transformation / Society and economy in transition

Auf einen Blick

Thematischer Fokus
Forschungsfeld I befasst sich in den Jahren 2023–2028 schwerpunktmäßig mit raumbezogenen Krisen und strukturellen Problemen in Bezug auf Gesellschaft und Wirtschaft. Auf der Handlungsebene werden Ansätze für die räumliche Transformation entwickelt, die auf Nachhaltigkeit, Resilienz und Gerechtigkeit gerichtet sind.

Zentrale Themen in den Jahren 2023–2028:
1. Gesellschaftlicher Zusammenhalt und sozialräumliche Gerechtigkeit
2. Verfügbarkeit und Zugänglichkeit sozialer Infrastrukturen der Daseinsvorsorge
3. Öffentliche Gesundheit in der Raumplanung
4. Zukunftsfähige Verkehrsinfrastrukturen im Kontext der Mobilitätswende
5. Nachhaltige und alternative Wirtschaftsmodelle und -praktiken

Beitrag der räumlichen Perspektive zur Lösung gesellschaftlicher und wirtschaftlicher Herausforderungen:
Raumwissenschaften und Planungspraxis sind aufgefordert, Antworten auf Fragen der Daseinsvorsorge, gerechter Raumstrukturen sowie nachhaltiger Raumentwicklung und Wirtschaftsweisen zu liefern. Exemplarisch wird das für die Verortung öffentlicher Gesundheitseinrichtungen und eine zukunftsfähige Verkehrsinfrastruktur betrachtet. Damit können Beiträge für gesellschaftlichen Zusammenhalt, Gerechtigkeit und Krisenfestigkeit geleistet werden.

4.1.1 Langfristige Problemstellungen im Forschungsfeld (2023–2028)

Die Stresssituationen, Krisen und strukturellen Probleme der letzten Jahre offenbaren die Verwundbarkeit von Gesellschaft, Wirtschaft und Infrastrukturen in bisher ungekanntem Maße: Die Covid-19-Pandemie, der Ukraine-Krieg sowie Klimawandel und Naturkatastrophen und die damit einhergehende Verschärfung sozioökonomischer Ungleichheiten, Versorgungsengpässe, die Energiekrise und Inflation zeigen eindrücklich, wie verletzlich die hochentwickelten Gesellschaften sind. Diese zeitlich begrenzten Krisen überlagern sich mit strukturellen Problemen, wie dem durch den demographischen Wandel bedingten Mangel an Arbeitskräften bzw. deren Verfügbarkeit, der Überalterung der Gesellschaft und regional sehr ungleich verteilten Wachstums- und Schrumpfungsprozessen. Dies hat auch Auswirkungen hinsichtlich zukunftsfähiger Verkehrsinfrastrukturen im Kontext der Mobilitätswende. Damit verbunden steht unsere Gesellschaft vor der Herausforderung, soziale Infrastrukturen der Daseinsvorsorge sowie gleichwertige Lebensbedingungen aufrechtzuerhalten bzw. zu schaffen.

Städte, Gemeinden und Landkreise müssen gerade in Krisenzeiten einen gewaltigen Beitrag zur Bewältigung neuer Herausforderungen leisten, wie beispielsweise die kriegsbedingte Aufnahme von Geflüchteten oder die durch die Covid-19-Pandemie verstärkten Digitalisierungsanforderungen an Kommunalverwaltungen. Es hat sich gezeigt, wie krisenanfällig und wenig resilient die Kommunen auch aufgrund ihrer Finanzausstattung und wie abhängig sie daher von Zuweisungen von Bund und Ländern sind, um ihre Aufgaben vor Ort verantwortlich erfüllen zu können. Zudem wirken sich zunehmende sozioökonomische Polarisierungen und sozialräumliche Ungleichheiten sowie populistische Bewegungen negativ auf den gesellschaftlichen Zusammenhalt und sozialen Frieden, gerade auch auf lokaler Ebene, aus. Die Resilienz von Räumen wird auch darüber entscheiden, inwieweit etablierte politisch-administrative Systeme ihre Legitimation aufrechterhalten können. Außerdem lassen sich intersektorale Wirkungen des technologischen Wandels, wie insbesondere Digitalisierung und Künstliche Intelligenz, auf Standortmuster und Raumstrukturen beobachten – beispielhaft seien hier die Informations-, Energie-, Wärme- und Verkehrsnetze genannt. Mit der zunehmenden Digitalisierung aller gesellschaftlichen und wirtschaftlichen Handlungsbereiche verändern sich auch räumliche Kategorien: So tragen neue Informations- und Kommunikationstechnologien zu neuen Alltagspraktiken und Wirtschaftsweisen bei, die sich in neuen Formen der Raumnutzung manifestieren. Mit der Covid-19-Pandemie ist auch das Themenfeld „Öffentliche Gesundheitsversorgung und -infrastrukturen" wieder stärker ins Blickfeld der räumlichen Planung und Entwicklung gerückt.

Aus einer Resilienzperspektive bedürfen robuste und anpassungsfähige Gesellschafts- und Wirtschaftssysteme sowie adäquate soziale und technische Infrastrukturen einer strategischen Ausrichtung der räumlichen Planung auf Krisenvorsorge und -bewältigung. Resilienz soll in diesem Zusammenhang als Analyse-Schablone und normative Orientierung dienen, um notwendige transformative Schritte im Sinne einer nachhaltigen und integrierten Raumentwicklung umzusetzen, die zu langfristig tragfähigen Raumstrukturen beiträgt. Dabei müssen die Dimensionen soziale Gerechtigkeit, ökologische Tragfähigkeit und nachhaltige Wirtschaftsweise gleichermaßen berücksichtigt werden. Damit verbundene Zielkonflikte machen planerische Abwägungen bezüglich der Raumnutzung und -gestaltung sowie eine fortlaufende kritische wissenschaftliche Analyse von Raumentwicklung und Raumplanung dringend erforderlich.

4.1.2 Mittelfristige Forschungsbedarfe im Forschungsfeld (2023–2025)

Mittelfristig stehen im Forschungsfeld I fünf Schwerpunktthemen im Fokus: gesellschaftlicher Zusammenhalt und sozialräumliche Gerechtigkeit, Infrastrukturen der Daseinsvorsorge, öffentliche Gesundheit, zukunftsfähige Verkehrsinfrastrukturen und nachhaltige Wirtschaftsweisen. Ein wichtiges Querschnittsthema ist die Digitalisierung, und hier insbesondere die Weiterentwicklung der künstlichen Intelligenz bzw. deren Auswirkungen auf Raumstrukturen und die Organisation von Planung und Verwaltung sowie auf Arbeit und (Aus-)Bildung. Alle Schwerpunktthemen werden lösungs- und handlungsorientiert bearbeitet, um so konkrete Beiträge zur räumlichen Transformation zu leisten. Dabei sollen in einzelnen Bereichen auch good practices anderer europäischer Staaten vergleichend betrachtet und internationaler Wissenstransfer ermöglicht werden.

4.1.2.1 Gesellschaftlicher Zusammenhalt und sozialräumliche Gerechtigkeit

Als Handlungsmaxime räumlicher Planung gilt die Schaffung gleichwertiger Lebensverhältnisse und die Reduzierung räumlicher Disparitäten. Zu den Dimensionen räumlicher Gerechtigkeit zählen Verteilungs-, Chancen-, Verfahrens- und intergenerationelle Gerechtigkeit. Diese normative Zielsetzung der Raumordnung und Raumentwicklung ist per se voraussetzungsvoll und gewinnt angesichts aktueller Krisen und struktureller Herausforderungen auch im Hinblick auf den gesellschaftlichen Zusammenhalt an Dringlichkeit und Dynamik.

Zu den strukturellen Herausforderungen aus raumplanerischer Perspektive gehört der demographische Wandel in seiner teilräumlichen Differenzierung mit all seinen Implikationen – wie Alterungsprozesse, Bevölkerungsrückgang und Fachkräftemangel –, die Internationalisierung und Diversifizierung der Gesellschaft sowie eine Zunahme sozialer Disparitäten, sozialräumlicher Segregation und Polarisation, aber auch das räumliche Nebeneinander von Wachstums- und Schrumpfungsprozessen. Zu den gesellschaftlichen Problemlagen gehören zunehmend auch Armut, Einsamkeit und Wohnungslosigkeit. In diesem Kontext richtet die ARL den Fokus insbesondere auf benachteiligte gesellschaftliche Gruppen, beispielsweise in Bezug auf die Wohnraumversorgung. Angesichts der erkennbaren Gefährdung des gesellschaftlichen Zusammenhalts wird die räumliche Dimension gesellschaftlicher Polarisierungsprozesse, auch unter Berücksichtigung der zunehmenden nationalen und internationalen Migrationsdynamiken, untersucht. Krisen wie die Covid-19-Pandemie, Inflation oder konjunkturelle Einbrüche veranschaulichen, wie wichtig es ist, sozialräumliche Unterschiede bei der Bewältigung von Krisen explizit mitzubetrachten: So zeigte sich sehr deutlich, dass insbesondere Bevölkerungsgruppen in benachteiligten Wohngebieten ungleich härter von der Pandemie und den damit einhergehenden Maßnahmen betroffen waren.

Es geht also um Fragen sozial gerechter und gesunder Lebensbedingungen für alle, um planerische Strategien zur Vermeidung von Mehrfachbenachteiligungen und letztendlich um Krisenfestigkeit und Resilienz sozialräumlicher Strukturen als planerisches Handlungsziel. Die räumliche Planung hat den gesetzlichen Auftrag, eine dem Wohl der Allgemeinheit dienende, sozial gerechte Bodennutzung zu gewährleisten [gem. §1 (5) BauGB] sowie öffentliche und private Belange gegeneinander und untereinander gerecht abzuwägen [gem. §1 (7) BauGB]. Der anzustrebende Idealzustand umfasst eine räumliche Chancengleichheit aller Menschen, eine faire Verteilung materieller und immaterieller Güter und die Berücksichtigung unterschiedlicher raumbezogener Bedürfnisse (siehe Bodenwende in Forschungsfeld II, Kapitel 4.2.2.4). Für die räumliche Planung und Entwicklung besteht die Aufgabe darin, eine gemeinwohlorientierte und sozial gerechte Bodennutzung als Grundlage für gleichwertige Lebensbedingungen und gesellschaftlichen Zusammenhalt zu ermöglichen.

Die ARL wird sich daher in den kommenden Jahren verstärkt mit praktisch umsetzbaren Planungsstrategien und -instrumenten zur Schaffung gleichwertiger Lebensverhältnisse und der Reduzierung räumlicher Disparitäten befassen und diese reflektieren, entwickeln und verbreiten. Zudem wird es darum gehen, gesellschaftliche Krisenfestigkeit und räumliche Resilienz stärker in Planungsprozessen mitzudenken und zu verankern.

4.1.2.2 Verfügbarkeit und Zugänglichkeit sozialer Infrastrukturen der Daseinsvorsorge

Durch die derzeitigen, oben beschriebenen gesellschaftlichen und wirtschaftlichen Herausforderungen nimmt der Handlungsdruck auf Kommunen und Regionen weiter zu. Insbesondere in dünn besiedelten Räumen ist die Finanzierung und Sicherung einer nachfragegerechten Infrastruktur der Daseinsvorsorge gefährdet. Eine Ergänzung des Zentrale-Orte-Systems mit flexiblen Ansätzen der Daseinsvorsorge, eine Stärkung interkommunaler und regionaler Abstimmungsprozesse und Kooperationsformen sowie die Nutzung von Möglichkeiten durch zunehmende Digitalisierung wird daher immer notwendiger.

Vor diesem Hintergrund rücken die demographischen, sozioökonomischen und -kulturellen Faktoren in ländlichen oder peripher gelegenen Räumen und hier die Mehrfachbenachteiligung bestimmter gesellschaftlicher Gruppen durch ungleiche Lebensbedingungen sowie eingeschränkten Zugang zu sozialen Infrastrukturen in der wohnortnahen Versorgung in den Fokus. Darüber hinaus müssen in Krisenzeiten auch soziale Infrastrukturen – wie Bildungs- und Kultureinrichtungen, Kinderbetreuung, Gesundheit und Pflege, Sport bis hin zum Katastrophenschutz – und technische Infrastrukturen – wie der notwendige Infrastrukturausbau für die Verkehrs- und Energiewende (vgl. Kapitel 4.2.2.2), aber auch für die digitale Transformation (Highspeed-Internet, 5G) – aus einer Resilienzperspektive betrachtet werden. Dabei sind räumliche Ungleichheiten in der Versorgung und bei den Entwicklungspotenzialen in verschiedenen Teilräumen zu berücksichtigen.

Für die Resilienz von Raumstrukturen ist grundsätzlich von Bedeutung, inwieweit kleinräumige, vernetzte und flexible Lösungen für Infrastruktursysteme gefunden und realisiert werden können, die sowohl ökonomisch und ökologisch tragfähig als auch sozial gerecht sind. Dabei gibt es bereits raumwissenschaftlich entwickelte Ansätze, die von interkommunaler Kooperation bis zu integrativen und multifunktionalen Infrastrukturen reichen und gemeinnützige Träger, aber auch neue privatwirtschaftlich organisierte Formate umfassen, die statt standardisierter Ausstattungsmerkmale stärker der Output-Orientierung folgen. Diese gilt es stärker einzubeziehen und auf gegenwärtige und zu erwartende Bedingungen anzupassen.

Die ARL wird sich daher mit der Krisenfestigkeit sozialer und technischer Infrastrukturen, der transformativen Weiterentwicklung der Infrastruktursysteme und hier insbesondere der jeweils vorrangig angesprochenen Handlungsebene sowie Fragen praktischer Umsetzung beschäftigen.

4.1.2.3 Öffentliche Gesundheit in der Raumplanung

Mit der Covid-19-Pandemie ist das Schwerpunktthema „Öffentliche Gesundheit" auch für die räumliche Entwicklung und damit für Raumwissenschaft und -planung wieder stärker ins politische und gesellschaftliche Blickfeld gerückt. Dabei geht es neben der Krisenfestigkeit in pandemischen und anderen Notlagen auch um den vorsorgenden Gesundheitsschutz und die Schaffung gleichwertiger Lebensbedingungen für die physische und psychische Gesundheit.

So zeigte sich während der Covid-19-Pandemie sehr deutlich, wie ungleiche Lebensbedingungen zu signifikanten Unterschieden in den verschiedenen Räumen führten, was die Belastung und Resilienz gesellschaftlicher Gruppen angeht. Auch jenseits von akuten Krisen variiert die Lebenserwartung in unterschiedlichen Stadtvierteln europäischer Städte strukturell um bis zu acht Jahre. Gesundheitliche Ungleichheiten innerhalb und zwischen Quartieren, Städten und Regionen sowie zwischen verschieden stark betroffenen (vulnerablen) Bevölkerungsgruppen können dabei durch ungesunde Wohn-, Arbeits- oder Freizeitbedingungen, schleichende Risiken (wie Umweltbelastungen), aber auch durch Extremereignisse (z.B. Hitze) als Klimawandelfolgen entstehen.

Eine wichtige Aufgabe der Raumentwicklung besteht daher darin, diesen strukturellen Ungleichheiten in den Lebensbedingungen und -erwartungen planerisch zu begegnen und im Sinne eines „Health in all Policies" aktiv zur Gesundheitsförderung beizutragen: Angemessener Wohnraum sowie eine gute Versorgung mit grün-blauen Infrastrukturen (vgl. Kapitel 4.2.2.5) und Gesundheitsinfrastrukturen müssen die Basis für die öffentliche Gesundheit und gesundheitsbezogene gleichwertige Lebensbedingungen für alle sein. Dabei geht es beispielsweise um die Frage, welche Beiträge raumordnerische und stadtplanerische Instrumente für eine effektive, sozial gerechte und gendersensible Versorgung mit Gesundheitsinfrastrukturen auf der jeweiligen räumlichen Ebene – vom Quartier bis zur Region – leisten können. Zudem sind Fragen zur gesundheitsbezogenen Daseinsvorsorge in dünn besiedelten Regionen sowie sozioökonomisch benachteiligten Stadtquartieren von besonderer Relevanz für eine zukünftige sozial gerechte und resiliente Raumentwicklung.

Auf überörtlicher Ebene stehen insbesondere die Krankenhaus- und Hausarztversorgung in ländlichen Räumen in Bezug auf ihre Funktionsfähigkeit und Effektivität auf dem Prüfstand. Die Planung müsste dabei viel stärker steuernd in die Planung und Bereitstellung von Gesundheitsinfrastrukturen eingreifen und diese nicht nur den ökonomischen Marktkräften sowie Akteuren des Gesundheitsbereichs überlassen. Vorliegende räumliche Bedarfs- und Erreichbarkeitsanalysen bieten hier eine gute Grundlage für planerische Abwägungen hinsichtlich zukünftiger Standorte von Rettungsdiensten sowie stationären und ambulanten Einrichtungen, die für die gesundheitsbezogene Daseinsvorsorge von entscheidender Bedeutung sind – und zwar im Hinblick auf zeitkritische Fälle, wohnortnahe Grundversorgung und qualitativ hochwertige Spezialversorgung. Dabei sollte eine Orientierung am zentralörtlichen System stattfinden, was derzeit bei der Neuordnung der Krankenhauslandschaft nicht immer der Fall ist, da Zentralkliniken jenseits Zentraler Orte („auf der grünen Wiese") entstehen.

Für die ARL wird in den kommenden Jahren die Frage entscheidend sein, wie mit raumordnerischen und stadtplanerischen Instrumenten und Maßnahmen die öffentliche Gesundheit gestärkt werden kann und wie Gesundheitsinfrastrukturen zukunftsfähig weiterentwickelt werden können. Über klassische Ansätze des Gesundheitsschutzes hinaus geht es dabei auch explizit um die Stärkung vorsorgender Ansätze, die Schaffung gesundheitsfördernder Räume und gesundheitsbezogene Resilienz. Dabei sollen inter- und transdisziplinäre Kooperationen, etwa mit den Bereichen Verkehr, Klima, Umwelt und Medizin, zur Entwicklung umsetzungsfähiger Ansätze für eine gesundheitsorientierte Raumentwicklung beitragen. Zudem besteht eine raumwissenschaftliche Aufgabe darin, räumliche Ungleichheiten, die durch Pandemien und Epidemien zum Ausdruck kommen, zu identifizieren und aus den umfangreichen Erfahrungen der Covid-19-Pandemie Schlussfolgerungen für zukünftige Planungen zu ziehen und diese zu kommunizieren. Zu untersuchen sind auch die räumlichen Auswirkungen neuartiger digitaler Gesundheitsdienstleistungen wie EHealth und Telemedizin – im Hinblick auf Chancen ebenso wie auf neue Benachteiligungen.

4.1.2.4 Zukunftsfähige Verkehrsinfrastrukturen im Kontext der Mobilitätswende

Die Mobilitätswende umfasst die Transformation der bestehenden Verkehrssysteme und -technologien, aber auch ein verändertes Mobilitätsverhalten mit dem klimapolitischen Ziel der Emissionsminderung des Verkehrssektors. Dazu zählt neben dem Personenverkehr auch der Güterverkehr. Dieser grundlegende Wandel muss sozial verträglich und ökologisch verantwortlich gestaltet werden und betrifft alle Raumkategorien, Akteurskonstellationen und Mobilitätsangebote. Verkehrs- und Siedlungsentwicklung sind dabei integriert zu denken und aktiv planerisch zu gestalten – im Sinne gleichwertiger Lebensbedingungen, nachhaltiger Mobilität und Flächensparsamkeit.

Ähnlich wie bei der Energiewende handelt es sich auch bei der Verkehrswende um einen grundlegenden Umbau. Neben diesen technologischen Veränderungen (Veränderung der Antriebstechnologien durch klimaneutrale Antriebsarten sowie autonomes Fahren) sind insbesondere die Reduktion des Autoverkehrs, der Ausbau des ÖPNV sowie die Förderung von Fuß- und Radverkehr weitere entscheidende Faktoren für das Gelingen der Verkehrswende, was nicht zuletzt auch von der Raumforschung und -planung begleitet und gestaltet werden muss. Der gesamtgesellschaftliche Umstieg auf umweltfreundliche Mobilitätsangebote – von individuellen hin zu öffentlichen und gemeinschaftlich genutzten Verkehrsmitteln – ist erforderlich, und das beinhaltet auch einen Wandel der „Mobilitätskulturen“.

Die Verkehrswende betrifft auch den schienengebundenen Verkehr. Die ARL greift die Debatte um die Reaktivierung von Schienenstrecken als Teil einer integrierten Regionalentwicklung auf. So wird zugleich ein fachlicher Beitrag zur politischen Debatte um die Anbindung von Klein- und Mittelstädten sowie die Verbindung ländlicher mit städtischen Räumen unter dem Gesichtspunkt des räumlichen Austausches und Ausgleichs geleistet. Eine integrierte Siedlungs- und Verkehrsinfrastrukturentwicklung ist dabei in allen Raumkategorien, von großstädtischen Ballungsräumen bis hin zum Siedlungssystem in ländlichen Räumen, ein wichtiger Regelungsbereich der überörtlichen Raumplanung und dient der verkehrsreduzierenden und flächensparsamen Raumentwicklung.

Hierzu ist eine wissenschaftlich fundierte Diskussion um die vielfältigen Bedeutungen von Schienenstrecken für eine nachhaltige Stadt- und Regionalentwicklung wichtig: Insbesondere was konkrete Verkehrsvorhaben, wie die Reaktivierung von Schienenstrecken, angeht, werden bislang vor allem volkswirtschaftliche Bewertungen zugrunde gelegt und der Nutzen für Gesellschaft, Ökologie und Klima sowie für das Siedlungssystem nicht hinreichend berücksichtigt. So erscheinen beispielsweise erweiterte Kriterien für die „Standardisierte Bewertung von Verkehrsinvestitionen in den schienengebundenen Nahverkehr“ notwendig, um auch die vielfältigen positiven Effekte eines erweiterten Schienennetzes abbilden zu können. Die planerische Sicherung und Wiederherstellung von Trassen gehört dabei zu drängenden Handlungserfordernissen. Auch der Umgang mit dem stetig wachsenden Güterverkehr, seiner Energie- und Klimarelevanz und die künftige Rolle zentraler Hubs stellen bedeutsame Handlungsfelder in diesem Kontext dar.

Fragen des Zugangs zu Mobilität, neue Organisationsformen und Mobilitätsangebote, die Aufteilung der Verkehrsflächen für verschiedene Nutzungen sowie Fragen der Kosten und der sozialen Gerechtigkeit stehen hier im Zentrum raumbezogener Forschung und Planung sowohl für periphere und dünn besiedelte Räume als auch für Städte und ihre Verflechtungsräume. Mobilität wird sich an neuen Nutzungsanforderungen orientieren, z. B. in Hinblick auf eine alternde Gesellschaft, Veränderungen im Konsumverhalten oder in der Arbeitsorganisation, die ein hohes Maß an Flexibilität implizieren. E-Mobilität ist dabei ebenfalls ressourcen- und investitionsintensiv und beansprucht (zu) viel öffentlichen Raum, der im Zuge der Verkehrswende eine Aufwertung als Aufenthaltsraum für alle erfahren muss. Technologische Fortschritte und Innovationen im Bereich der digitalen Vernetzung, die sich im Rahmen von Smart-Mobility-Konzepten bieten, sind im Kontext der Verkehrs- und Mobilitätswende weiter zu erforschen. Dabei sollten auch internationale Beispiele und Erfahrungen einfließen, bspw. für sinnvolle Radinfrastrukturen in urbanen Räumen, um Pendlerverkehre zumindest teilweise aufzufangen, oder für verkehrsberuhigte Quartiere (bspw. sog. Superblocks). Zugleich gilt es, die besonderen Herausforderungen für eine Mobilitätswende in ländlichen Räumen zu thematisieren. Eine ausdifferenzierte Gesellschaft verlangt flexible ÖPNV-Angebote, die gerade hier besonders schwer zu vertretbaren Kosten zu organisieren sind. Grenzüberschreitende Forschung und Gremienarbeit der ARL ist in diesen Zusammenhängen unverzichtbar.

Die ARL wird sich mit den hier skizzierten Ansätzen der Mobilitäts- und Verkehrswende sowie ihren räumlichen Implikationen und gestalterischen Möglichkeiten in Deutschland und Europa auseinandersetzen. Dabei steht ein erweitertes Verständnis von Mobilität im Fokus, das Energie- und Klimafragen sowie soziale Gerechtigkeitsaspekte miteinbezieht. Aus Sicht einer sozial gerechten Raumentwicklung spielen dabei Fragen der Teilhabe eine wichtige Rolle (vgl. Kapitel 4.3.2.3). Insbesondere hinsichtlich einer integrierten Verkehrs- und Siedlungsentwicklung kann die ARL mit ihrer raumwissenschaftlichen Expertise und ihrer transdisziplinären Arbeitsweise fachliche Beiträge zur praktischen Umsetzung zukunftsfähiger Verkehrsinfrastrukturen leisten.

4.1.2.5 Nachhaltiges Wirtschaften im Kontext räumlicher Transformation

Gesellschaftliche Herausforderungen – wie zunehmende sozioökonomische Polarisierungen, sozialräumliche Ungleichheiten, die raumwirksamen Konsequenzen von Wirtschafts- und Finanzkrisen, die Digitalisierung, ökologische und klimatische Risiken und Katastrophen, die Corona-Pandemie und nicht zuletzt die ökonomischen Folgen des Kriegs von Russland gegen die Ukraine – erfordern, dass aktuelle Wirtschafts- und Lebensweisen kritisch hinterfragt werden. Insbesondere in Hinblick auf Resilienz, Vulnerabilität, raumbezogene Gerechtigkeit und ökologische Tragfähigkeit (vgl. Forschungsfeld II) werden verschiedene Verläufe regionalen Strukturwandels zu betrachten sein. Dies erfolgt vor dem Hintergrund des Leitbildes einer nachhaltigen Raumentwicklung auch in ökonomischer Hinsicht, wobei die Verantwortung nachhaltig orientierter Raumwissenschaften und die Gestaltungsspielräume der Praxis der Raumplanung und -entwicklung zu berücksichtigen sind. Dabei nimmt die ARL die multiplen Krisen zum Anlass, sich für ein Ökonomieverständnis einzusetzen, das dem Ziel einer nachhaltigen, d. h. zukunftsfähigen und krisenfesten Raumentwicklung entspricht.

Im Zusammenhang mit der Resilienz von Ökonomien und im Hinblick auf gesellschaftliche und wirtschaftliche Stabilität ist beispielsweise nach besonders vulnerablen und systemrelevanten Sektoren zu fragen. Vor diesem Hintergrund sind die räumlichen Auswirkungen und Flächenbedarfe globaler Waren-, Mobilitäts- und Finanzströme und deren Verflechtungen eingehend zu thematisieren. Hierzu gehören auch Prozesse der Reindustrialisierung und der Rückverlagerung von Produktionsstandorten (z.B. von pharmazeutischen Produkten) nach Deutschland und in die EU, um Abhängigkeiten zu reduzieren und die Resilienz zu erhöhen. Hier knüpfen die aktuellen Debatten zur Deglobalisierung an.

Eine spezifische Perspektive der Raumwissenschaften umfasst die räumliche Dimension ökonomischer Entwicklungen unter Berücksichtigung von demographischen, sozialen und technologischen Veränderungen, die durch multiple Krisen beeinflusst und verschärft werden: So haben beispielsweise regionale Wirtschaftskreisläufe durch die Pandemie und den Krieg in der Ukraine massiv an Bedeutung gewonnen, da Welthandel und globaler Warenverkehr nicht mehr in der gewohnten Weise funktionierten. Das verweist darauf, dass regionaler Strukturwandel heute breiter und variantenreicher gedacht werden muss als in den Zeiten, als vor allem Krisen montanindustriell geprägter Agglomerationen und der Rückgang der Landwirtschaft in ländlichen Räumen im Vordergrund standen. Die politisch induzierte Transformation der Braunkohleregionen, der bevorstehende Umbau der vom Automobilbau geprägten Regionen durch den Wandel der Antriebsformen, die krisenhaften Folgen und die sinkende Akzeptanz einer extrem intensivierten Landwirtschaft, aber auch die Chancen der regenerativen Energieerzeugung für die Wertschöpfung in ländlichen Räumen sind einige Stichworte für neue Varianten regionalen Strukturwandels. In Zeiten des Fachkräftemangels besteht eine große Herausforderung darin, die Qualifikationen der Beschäftigten an die neuen Anforderungen anzupassen, um drohende Arbeitslosigkeit abzuwenden – auch im Hinblick auf den gesellschaftlichen Zusammenhalt.

Die Zunahme von Krisen und deren Folgekosten hat nicht zuletzt auch Auswirkungen auf die regionale Strukturpolitik sowie auf die kommunalen Haushalte und deren Handlungsmöglichkeiten. Daher gilt es, angepasste Finanzausgleichssysteme in Zeiten von Krisen und Bedingungen einer nachhaltigen Finanzpolitik zu thematisieren. Dabei ist im Sinne der Subsidiarität und der Gleichwertigkeit der Lebensverhältnisse die dezentrale, d.h. kommunale und regionale Handlungsfähigkeit langfristig und nachhaltig zu stärken.

Im Kontext der stattfindenden wie zu fördernden räumlichen Transformationen gewinnen Arbeiten zu postwachstumsorientierten Ansätzen in räumlicher Planung und Entwicklung an Bedeutung. Das umfasst insbesondere ein breiteres Verständnis von Wirtschaft und das Aufzeigen von (Wohlstands-)Alternativen zu rein auf Wachstum fokussierten Wirtschaftsweisen. Auch Ansätze zur Einpreisung ökologischer und sozialer Kosten in Abwägungsprozesse (Kostenwahrheit) sind von großer Bedeutung für eine nachhaltige Raumentwicklung.

Die ARL wird sich diesen Schwerpunktthemen widmen und sie inter- und transdisziplinär bearbeiten. Raumwissenschaftliche Analysen und Handlungsoptionen sind in der Vergangenheit durch ARL-Arbeitsgremien ausgearbeitet und in die Fachöffentlichkeit kommuniziert worden. Zukünftiger Handlungsbedarf besteht hinsichtlich der konkreten Anwendung und Umsetzung alternativer Ansätze und Konzepte in der Raumentwicklungspraxis sowie deren wissenschaftliche Evaluation. Daher sollen zukünftig auch gezielt Formate und Produkte für den Wissenstransfer in Politik und Verwaltung erarbeitet und neue Entwicklungen weiter wissenschaftlich reflektiert werden.

4.2 Forschungsfeld II: Klima und natürliche Ressourcen in der gesellschaftlichen und räumlichen Transformation / Climate and natural resources in social and spatial transition

Auf einen Blick

Thematischer Fokus
Forschungsfeld II befasst sich in den Jahren 2023–2028 mit zentralen Themen der sozial-ökologischen Raumentwicklung im Kontext des Klimawandels und der Energiewende sowie mit integrierten Ansätzen zur Freiraumsicherung, zum Biodiversitäts- und Ökosystemschutz.

Zentrale Themen in den Jahren 2023–2028:
1. Klimaresiliente Entwicklung in der planerischen Umsetzung
2. Ausbau erneuerbarer Energien und deren räumliche Auswirkungen
3. Umgang mit kritischen Infrastrukturen
4. Bodenwende, Freiraumsicherung und Schutz von Ökosystemen
5. Grün-blaue Infrastrukturen

Beitrag der räumlichen Perspektive zur Lösung gesellschaftlicher und wirtschaftlicher Herausforderungen:
Freiraum ist eine zentrale Ressource mit ökonomischer, ökologischer und sozialer Wertigkeit, ebenso ist die Entwicklung von Ökosystemleistungen von unterschiedlichen (planerischen) Interessen beeinflusst. Die auch im Zuge der Energiewende entstehenden Interessens- und Landnutzungskonflikte stellen Gesellschaft, Politik und die räumliche Planung vor große Herausforderungen. Der beschleunigte Ausbau der erneuerbaren Energien erhöht den Druck auf Räume und auf den Natur- und Ressourcenschutz, dessen Belange in der öffentlichen Debatte um Energieeffizienz, Infrastrukturausbau und Unabhängigkeit der Energieversorgung in den Hintergrund treten. Raumentwicklung und Planung sind aufgerufen, mit integrativen Strategien die notwendige Transformation zu ermöglichen und zu steuern. Dabei gilt es, krisenfeste Infrastrukturen zu entwickeln, kritische Infrastrukturen zu sichern, natürliche Ressourcen nachhaltig zu schützen und auch die Akzeptanz der Bevölkerung zu gewinnen.

4.2.1 Langfristige Problemstellungen im Forschungsfeld (2023–2028)

Für klimaresiliente Entwicklungen müssen von Akteuren der Raumentwicklung und -planung, unterstützt durch die Raumwissenschaften, unter Zeitdruck Konzepte erarbeitet werden mit dem Ziel, die erforderlichen Schritte einer sozial-ökologischen Transformation in Richtung einer nachhaltigen Raumentwicklung umzusetzen.

Im Zusammentreffen multipler Krisen wird das Thema der Resilienz natürlicher, gebauter und sozialer Umwelt (in Verbindung mit Forschungsfeld I) als langfristige Forschungsperspektive gesehen. Hierzu gehört die Auseinandersetzung mit konfligierenden Nutzungsansprüchen an Räume, vor allem Freiräume, ebenso wie mit Konzepten der Stoff- und Flächenkreislaufwirtschaft – beides vor dem Hintergrund der Energiewende und dem erklärten Ziel des Schutzes und der Entwicklung der natürlichen Lebensgrundlagen. Den Bezugsrahmen setzen hier die planetaren Grenzen. Zudem sind im Kontext von Urbanisierungs- und Desurbanisierungstrends tatsächlich umsetzbare und gesellschaftlich akzeptierte Konzepte der Innenentwicklung als Langfristperspektive zu verfolgen.

Im Themenfeld „Energiewende" und beim Ausbau erneuerbarer Energien führen eine veränderte planungsrechtliche Ausgangslage und staatliche Subventionspolitiken, die u.a. die private Energieerzeugung fördern, zu einer Verschiebung von Akteurskonstellationen und Entscheidungswegen (vgl. Forschungsfeld III). Besondere Aufmerksamkeit verdienen dabei auch die Chancen, die mit dem verstärkten Ausbau der regenerativen Energieerzeugung für ländliche Räume verbunden sind. Dabei geht es nicht nur um die verbesserte „Akzeptanz" durch Beteiligung der Standortkommunen und der betroffenen Bevölkerung an den Erträgen der Energieerzeugung (z.B. Windkraft, Photovoltaik), sondern auch um die Nutzung der Energiewende für wirtschaftlichen Strukturwandel und Wertschöpfung in den ländlichen Räumen. Diese und weitere Themen im Kontext der räumlichen Auswirkungen der Energiewende werden langfristig im Forschungsfeld Berücksichtigung finden.

Des Weiteren sind die zentralen Themen der Klimawandelanpassung und der Bodenwende im Sinne der Steuerung einer nachhaltigen Nutzung und Zugänglichkeit der elementaren Ressource Boden und der notwendigen Prioritätensetzung für ihren konsequenten Schutz zielführend im internationalen Kontext zu erörtern. Dazu zählt auch das langfristig angelegte Themenfeld der grün-blauen Infrastrukturen im Forschungsfeld. Beispielhaft sollen konkrete, erfolgreiche und im besten Fall übertragbare Konzepte zur sozial-ökologischen Transformation erarbeitet werden. Dies geschieht im Austausch und in enger Zusammenarbeit mit den anderen Forschungsfeldern.

4.2.2 Mittelfristige Forschungsbedarfe im Forschungsfeld (2023–2025)

Wie können Auswirkungen des Klimawandels, der nicht-nachhaltigen Landnutzung und der Biodiversitätskrise aufgefangen und lösungsorientiert in planerische Strategien umgesetzt werden? In Zeiten multipler Krisen – hier namentlich der Endlichkeit natürlicher Ressourcen und des Verlustes zentraler, nicht-reversibler Ökosystemleistungen – steigt vor dem Hintergrund der SDGs und zentraler politischer und gesellschaftlicher Zielkonflikte der Handlungsdruck für kurz-, mittel- und langfristig wirksame Ansätze gleichermaßen. Die ARL wird sich der komplexen Thematik des land use in unterschiedlichen Zusammenhängen annehmen und sieht für die folgenden fünf Schwerpunktthemen mittelfristigen Forschungsbedarf: Ausbau erneuerbarer Energien und deren räumliche Auswirkungen, Freiraumsicherung und Schutz von Ökosystemen, klimaresiliente Entwicklung in der planerischen Umsetzung, Agrarwende sowie grün-blaue Infrastrukturen.

4.2.2.1 Klimaresiliente Entwicklung in der planerischen Umsetzung

Um das Ziel der Klimaneutralität zu erreichen, muss es auch von der räumlichen Planung aufgenommen und zusammen mit den beteiligten Fachplanungen in Form von planerischen Strategien und über geeignete Maßnahmen und Instrumente um- und durchgesetzt werden. Hierzu bedarf es der Entwicklung von überkommunalen bzw. regionalen Konzepten, die die Energiewende unterstützen. Außerdem sind die Folgen klimatischer Veränderungen in Städten und Regionen mit angepassten Planungskonzepten aufzufangen. Fragen der Klimawandelanpassung sind für unterschiedliche Strukturräume zu diskutieren: Wie können übergreifende, integrierte Anpassungskonzepte aussehen, die der hohen Dynamik der Klimawandelfolgen und ihrer eingeschränkten Prognostizierbarkeit Rechnung tragen? Wie kann von der üblichen Langfristperspektive räumlicher Planung in die (kurzfristige) Politik rückgekoppelt werden, wenn bspw. Ad-hoc-Entscheidungen zur Klimafolgenanpassung anstehen, wie es bei den jüngeren Hochwasserextremereignissen notwendig war? Wie ist die Überführung eines globalen Problems in lokale Umsetzungsmuster möglich und sinnvoll? Wie werden globale und europäische Strategien und Ziele (wie das Pariser Abkommen oder der European Green Deal) national, regional und lokal umgesetzt? Wie lässt sich die Resilienz von Kommunen und Regionen erhöhen? Denn es stellt sich die grundsätzliche Frage nach der Robustheit bzw. der Anpassungsfähigkeit von Raumstrukturen. In diesem Zusammenhang sind transdisziplinäre Lernprozesse anzustoßen, zu begleiten und zu erforschen. Ursachen-Wirkungs-Gefüge werden im Zusammenhang mit Methoden der Klimawandelanpassung in unterschiedlichen

Zusammenhängen und Skalen diskutiert. Es geht hier um Klimafolgen wie Starkregen, Hochwasser oder Hitze sowie um ökologische Ziele wie den Erhalt intakter Ökosysteme, zu denen Anpassungsstrategien in transdisziplinären Diskursen, im Sinne einer transformativen Forschung, abzuleiten sind. Hier bestehen enge Bezüge zur Diskussion um grün-blaue Infrastrukturen (vgl. Kapitel 4.2.2.5).

Die Konfliktfelder Artenschutz/Energiewende oder Hochwasservorsorge/Siedlungsentwicklung stehen im mittelfristigen Forschungsrahmen im Fokus, wobei insbesondere Fragen der gesellschaftlichen Akzeptanz von Strategien und Maßnahmen und Beteiligungsfragen in den Blick genommen werden. Zur planerischen Umsetzung gehört auch die Frage nach den Ziel- und Akteursgruppen, die für klimarelevante Themen stehen bzw. stehen können (im Sinne sozial-ökologischer Ansätze). Eine gendersensible Perspektive ist hier notwendig, um Nutzungsstrukturen und Zugänglichkeit auch planerisch aufzunehmen.

Hier erfolgt eine Anknüpfung an aktuelle gesellschaftliche Debatten um Teilhabe und (Deutungs-) Macht auf dem Weg zur Klimaneutralität. Ein Thema wird auch die Reichweite und Umsetzbarkeit von kommunalen und regionalen Klimaschutzkonzepten sein.

4.2.2.2 Ausbau erneuerbarer Energien und deren räumliche Auswirkungen

Mit der Energiewende verbundene übergeordnete Forschungsfragen beziehen sich auf Flächen und Standorte sowie den Landschaftsschutz, aber auch auf Akzeptanz und Beteiligung sowie auf angemessene, resiliente Infrastrukturen. Bezüglich des Ausbaus der erneuerbaren Energien stellt sich – vor dem Hintergrund konkreter Bundes- und Flächenziele – die Frage, wie Planungsakteure und Fachbehörden sowie wirtschaftliche Akteure besser zusammenarbeiten können, um die Energiewende voranzubringen.

Es besteht außerdem grundlegender Diskussionsbedarf über die Eignung von Teilraumkategorien für verschiedene Formen der regenerativen Energieerzeugung oder über (flächenbeanspruchende) Speicherungsformen. Dies erfordert neue Strukturen des Energiemanagements und einen umfassenden Diskurs über deren Auswirkungen auf weitere raumrelevante Ansprüche, wie bspw. den Natur- (inkl. Arten-) und Landschaftsschutz. Flächenkonkurrenzen zwischen Landwirtschaft, Naturschutz und dem Ausbau von Energieinfrastrukturen sowie deren Auswirkungen auf die Entwicklungen der Kulturlandschaften sind von ARL-Arbeitsformaten zu adressieren.

Darüber hinaus befasst sich die ARL mit der konkreten Umsetzung der Energiewende vor Ort und legt hier den Fokus auf diskursive Prozesse. Auch das Konfliktthema der Trassenführungen ist aus Perspektive der Raumentwicklung und Governance nicht ausdiskutiert, hier sind insbesondere Fragen der Planungsbeteiligung und -beschleunigung zu klären (vgl. Kapitel 4.3.2.1).

4.2.2.3 Umgang mit kritischen Infrastrukturen

Vor dem Hintergrund geopolitischer Krisen und der Reduzierung von Abhängigkeiten sind insbesondere kritische Infrastrukturen (KRITIS) in den Blick zu nehmen. Strom- und Wasserinfrastrukturen sind vulnerabel, ihre Funktionsfähigkeit ist langfristig sicherzustellen. Künftig werden vermehrt kleinräumige, vernetzte und flexible Lösungen für Infrastruktursysteme benötigt; dies trifft ebenso auf kritische Infrastrukturen (KRITIS) zu – sofern diese Anlagen es ermöglichen. Dagegen steht das Prinzip der Trassenbündelung, bspw. bei Stromtrassen. Mit Bezug zu Forschungsfeld III steht hier auch die Frage der Kompatibilität verschiedener Planungsebenen zur Diskussion (vgl. Kapitel 4.3.2.2). Denn lokale Auswirkungen regionaler Klimaereignisse sind nur im überkommunalen Kontext angemessen zu bearbeiten.

Die ARL wird die Herausforderungen im Hinblick auf kritische Infrastrukturen im transdisziplinären Kontext und explizit zusammen mit der Fachplanung bearbeiten. Mit dem AAK „Hochwasserschutz und Regionalplanung“ und dem laufenden AK „Bundesraumordnungsplan Hochwasserschutz“ liegt bereits Expertise vor, was bspw. Validität bzw. Nutzbarkeit von Vulnerabilitätsanalysen und Gefahrenkarten explizit für die räumliche Planung angeht. Die Frage, welche Konsequenzen aus Extremereignissen für die Infrastruktur- und Bauleitplanung zu ziehen sind und wie Fehlplanungen unterbunden werden können, sollte forschungsfeldübergreifend bearbeitet werden. Mit dem AAK „Windenergie an Land“ begleitet die ARL im Jahr 2023 die Diskussion um die Umsetzung der Vorgabe des Bundes, 2% der Landesfläche für Windenergieanlagen zur Verfügung zu stellen.

4.2.2.4 Bodenwende, Freiraumsicherung und Schutz von Ökosystemen

Was bedeutet es für Planung und Raumentwicklung, wenn im Sinne bundespolitischer Ziele einerseits prioritär Flächen für die notwendige Wohnraumbeschaffung und für resiliente Energieinfrastrukturen in Anspruch genommen werden, andererseits Biodiversität und Lebensräume (als bundespolitische Ziele) geschützt und gefördert werden sollen? Welche Rolle können raumbezogene Forschung und Entwicklung spielen bei der Lösung der zu erwartenden Ziel- und Nutzungskonflikte?

Mit einer Bodenwende muss ein klares Bekenntnis zum konsequenten Schutz von Böden und die Ermöglichung ihrer nachhaltigen Nutzung verbunden sein. Sie geht zwingend mit dem Schutz von Freiräumen und damit von Ökosystemen und weiteren natürlichen Ressourcen mit ihren Ökosystemleistungen einher. Dies umfasst auch eine stärkere Regulierung der Bodenmärkte (Verhinderung von Spekulation), die kritische Auseinandersetzung mit Privateigentum an Grund und Boden sowie zielführende Rahmenbedingungen für eine kommunale Bodenvorratspolitik. Ist eine Inanspruchnahme von Böden unvermeidlich, muss diese so bodenschonend wie möglich erfolgen. Für die Planung und Raumentwicklung bedeutet das, dass „vom Freiraum her gedacht“ werden muss, anstatt wie bisher Siedlungsentwicklung auf Kosten des Allgemeingutes Boden als primäres Planungsziel zu sehen. Nachhaltige Raumentwicklung als Ziel sollte eine Netto-Null-Freirauminanspruchnahme anstreben und umsetzen. Das bedeutet, Kreislaufkonzepte und multifunktionale Nutzungen von Freiraum zu fördern. Auch Strategien zum sparsamen Umgang mit Freiraum (Flächenkontingente, regionale Ausgleichskonzepte oder Festsetzung von Nutzungsobergrenzen) sind auf ihre Wirkungskraft zu überprüfen. Welche Rolle spielen hier staatliche, kommunale, ökonomische und weitere „Akteure des Wandels“?

Auch die Rahmenbedingungen einer nachhaltigen bzw. zukunftsfähigen Landwirtschaft, die rentabel wirtschaften und zugleich ressourcenschonend oder sogar ressourcenschützend anbaut, müssen diskutiert werden. Für eine Agrarwende, die einen konsequenten Bodenschutz unterstützt, sind allerdings angemessene Verwaltungs- und Organisationsstrukturen notwendig – dies betrifft insbesondere Finanzierungs- und Anreizmodelle.

Mit dem auch von der Bundesregierung proklamierten Ziel, weltweit 30% der Landes- und Meeresfläche bis 2030 unter Schutz zu stellen, wird der Schutz (und die Entwicklung!) von unzerschnittenen, großräumigen naturnahen Landschaftsräumen ein zentrales Ziel räumlicher Planung. Welche Prioritäten sollen in Deutschland für eine nachhaltige, regions- und länderübergreifende Raumentwicklung aus dieser Perspektive gesetzt werden?

Entsprechend der Vielschichtigkeit der Ziele (bspw. Entwicklung von „Vorranggebieten für Freiraumfunktionen“) und der Steuerungsansprüche wird die ARL sich insbesondere mit rechtlicher Umsetzbarkeit, mit Standards und mit Wirkungszusammenhängen für konkrete Ziele des Freiraumschutzes / der Freiraumbewirtschaftung auseinandersetzen (bspw. AK Freiraumsicherung; vgl. Forschungsfeld III, insbes. für den IIK Planungsrecht Kapitel 4.3.2.1).

4.2.2.5 Grün-blaue Infrastrukturen

Grün-blaue Infrastrukturen haben neben ihren Biotop- und Lebensraumfunktionen eine zentrale Bedeutung für eine nachhaltige Stadt- und Regionalentwicklung, insbesondere für die Resilienz von Stadtquartieren im Klimawandel. Der Begriff betont dabei die Vernetzungen von Grünräumen und (stehenden und fließenden) Gewässern und deren Funktionen.

Das Handlungsfeld der grün-blauen Infrastrukturen ist im Zusammenhang mit der Governance in der Landnutzungsplanung zentral. Die Sicherung und Qualifizierung dieser Infrastrukturen bleibt aufgrund der sich verändernden klimatischen Bedingungen ein wichtiges Forschungsthema, weil naturbasierte Lösungen elementar für Klimafolgenanpassung und Klimaschutz sind. Natur und Biodiversität in Städten und Stadtregionen haben einen wachsenden Stellenwert in der Diskussion um zukunftsfähige Kommunen, auch wenn ihre Entwicklung durchaus in Konkurrenz zum Ziel der Nachverdichtung steht (Wohnraumbeschaffung, Innenentwicklung). Eine besondere Aufgabe in diesem Bereich ist die Nachnutzungen ehemaliger Kohleabbaugebiete, wenn regional große Wasserflächen neu entstehen. Zu diesen „Landschaften nach der Kohle“ gibt es noch wenig langfristige Erkenntnisse, ihre Entwicklungen sind durch Raumwissenschaft und Planungspraxis zu begleiten.

Verfügbarkeit, Qualität und Schutz explizit von Wasser wird künftig weitaus mehr gesellschaftspolitisches Gewicht erhalten. Der Schutz der Ressource Wasser (der vielfachen Ökosystemleistungen und der Wasserqualität), aber auch die Verfügbarkeit und Nutzungsintensität von Wasserressourcen und die damit einhergehenden Konflikte werden zentrale Themen der Raumentwicklung. Damit verbunden sind zahlreiche Herausforderungen bei der Anpassung an den Klimawandel, wie z. B. natürlicher Hochwasserschutz, und die Governance unterschiedlicher Interessen. Dies betrifft alle Planungsebenen. So ist auch das Potenzial des Themas „Schwammstadt“ bzw. einer wassersensiblen Stadtentwicklung noch längst nicht ausgeschöpft. Die großen Wasserentnahmen in urbanen Räumen und deren Umland müssen betrachtet bzw. neu geregelt werden, einschließlich raumübergreifender technischer Lösungen zum Ausgleich von Angebot und Nachfrage. Wie beim Themenkomplex KRITIS werden auch in diesem Zusammenhang Reallabore und Planspiele als Methoden zielführend eingesetzt, um die Frage nach Schwellenwerten und Zielgrößen im Akteursverbund erörtern zu können.

Wassersensible Siedlungsentwicklung ist letztendlich ein ebenenübergreifendes Handlungsfeld, denn hier müssen Einzugsgebiete und grün-blaue Infrastrukturen mitgedacht werden, die sowohl Quartiers- als auch kommunale Grenzen überschreiten. Welche Governance-Ansätze sind im komplexen Akteursgefüge zielführend und wie funktioniert wassersensible Raumentwicklung im Zusammenspiel der Planungsebenen? Die ARL wird sich diesem Thema insbesondere vor dem Hintergrund konkurrierender Interessen (Einzugsgebiete, Zugang zu Grundwasser, Flächenvorsorge und -inanspruchnahme) sowie der Steuerung von Maßnahmen zur Anpassung an den Klimawandel widmen (bspw. AK „Bundesraumordnungsplan Hochwasserschutz“ / AK „Klimaanpassung“ / Drittmittelprojekt „Pollution in urban ponds, eco-evolutionary dynamics and ecosystem resilience“ (POUNDER – Leibniz-Wettbewerb)).

4.3 Forschungsfeld III: Theorien und Praxis räumlicher Planung / Theories and practice of spatial planning

Auf einen Blick

Thematischer Fokus
Im Mittelpunkt von Forschungsfeld III stehen in den Jahren 2023–2028 theoriegeleitete Analysen sowie die Praxis der räumlichen Planung. Damit soll das Ziel der räumlichen Planung unterstützt werden, in ihrer koordinierenden und integrierenden Funktion zur Steuerung von sozial-ökologischen Transformationsprozessen beizutragen (vgl. Forschungsfelder I und II). Der Fokus wird dabei sowohl auf Akteurskonstellationen und die Einbettung in Planungssysteme und -kulturen – auch im internationalen Vergleich – als auch auf die strategische und instrumentelle Umsetzung sozial-ökologischer Transformation sowie planungsrechtliche Bindung gelenkt.

Zentrale Themen in den Jahren 2023–2028:
1. Beschleunigte Planungsprozesse und aktuelles Planungsrecht
2. Innovative Instrumente, Verfahren und Strategien der Raumentwicklung im Mehrebenensystem
3. Demokratische räumliche Planung im Spannungsfeld zwischen Partialinteressen und veränderten Prioritäten
4. Planungssysteme und -kulturen: Historische Genese und internationaler Vergleich
5. Planungstheoretische Analyse von Begriffen und Konzepten sowie Ansätze zu deren Weiterentwicklung

Beitrag der räumlichen Perspektive zur Lösung gesellschaftlicher und wirtschaftlicher Herausforderungen:
Die räumliche Perspektive bietet einen essenziellen Mehrwert zur Lösung der in den Forschungsfeldern I und II formulierten gesellschaftlichen Herausforderungen: Sie hilft, raumbezogene Herausforderungen und Konflikte zu analysieren und Lösungsansätze zu identifizieren. In der Verbindung von Theorien und Praxis räumlicher Planung mit intersektionalen Geschlechterperspektiven liegt ein besonderes innovatives Potenzial, um Fragen räumlicher Gerechtigkeit in sozial-ökologischen Transformationsprozessen zu adressieren. Neben den physisch-materiellen räumlichen Strukturen sind die raumtypspezifischen Akteure und Prozesse vor Ort von entscheidender Bedeutung für die räumliche Transformation: spezifische Akteurskonstellationen, lokale Planungskulturen, Organisationsstrukturen der Planung und Governance-Arrangements erfordern räumlich spezifische Analysen und Handlungsansätze. Auf der Prozessebene stehen Fragen des Instrumenteneinsatzes, der Beteiligung und Kooperation, der Gestaltung von Aushandlungsprozessen und der prozeduralen Gerechtigkeit im Fokus. Zudem geht es um den politischen Beitrag zur Akzeptanz, Legitimation und Unterstützung von Planung.

4.3.1 Langfristige Problemstellungen im Forschungsfeld (2023–2028)

Die aktuellen sozial-ökologischen Krisen wie die Klima- und Energiekrise oder der Verlust an biologischer Vielfalt (vgl. Forschungsfeld II) machen politische Entscheidungen bezüglich künftiger Raumnutzungen und -entwicklungen notwendig, die planerisch übersetzt und umgesetzt werden müssen. So stellen der politisch eingeleitete Ausstieg aus der Braunkohlenverstromung bis spätestens 2038 sowie auch das Gesetz zur Erhöhung und Beschleunigung des Ausbaus von Windenergieanlagen an Land (2% der Landesfläche sollen bis 2032 für Windkraftenergie ausgewiesen werden) Planungsakteure insbesondere auf der Landes- und regionalen Ebene vor enorme Herausforderungen. Zugleich bestehen Zielkonflikte bspw. zwischen der Beschleunigung der Energiewende und Aspekten des Naturschutzes bzw. des Schutzes biologischer Vielfalt und dem Anspruch auf umfassende Partizipation. Das erhöht noch einmal die Komplexität der bisher schon umfangreichen Herausforderungen für die Koordinierungs- und Steuerungsaufgaben einer integrativen Raumplanung.

Die planerische Übersetzung der politischen Maßgaben erfolgt dabei in unterschiedlichen Kontexten: In der Formulierung von räumlichen Leitbildern, in der Schaffung und Weiterentwicklung des materiellen Planungsrechts sowie bei der Gestaltung der Planungsprozesse, die tendenziell beschleunigt werden sollen. Aus den Aufgaben einer sozial-ökologischen Transformation erwachsen einerseits neue Erwartungen an einen steuernden Staat, gleichzeitig muss dessen Wirken immer wieder neu begründet und legitimiert werden. Der Bedarf an Steuerung räumlicher Entwicklung und Gestaltung notwendiger räumlicher Transformationsprozesse einerseits und der Wunsch nach Beschleunigung dieser Prozesse andererseits erzeugen Widersprüche hinsichtlich der Ansprüche an die Qualität von Planungen sowie der Beteiligung verschiedener Akteursgruppen.

Vor diesem Hintergrund stellen sich grundlegende Fragen nach den Theorien und der Praxis der räumlichen Planung:

- Wie verhält sich eine räumliche Planung, die dezidiert auf die Gestaltung sozial-ökologischer Transformationsprozesse für eine nachhaltige Raumentwicklung ausgerichtet ist, zu Intentionen, die tendenziell eine Wahrung des Status quo verfolgen oder Entwicklungen unterstützen, die einer nachhaltigen Entwicklung zu widersprechen scheinen (z. B. Ausweisung von Baugebieten in Räumen ohne Bevölkerungswachstum)?

- Wie wird auf welcher Ebene der räumlichen Planung mit den Widersprüchen und Zielkonflikten umgegangen, die in Leitbildern, Plänen und Programmen festgeschrieben sind (z. B. Wachstumsorientierung bei gleichzeitiger Stärkung ökologischer Qualitäten)?

- Wie können unterschiedliche Akteure – insbesondere nicht-staatliche Akteure (z. B. Verbände, NGOs, privatwirtschaftliche Unternehmen) und hoheitliche (Planungs-)Institutionen – so zusammengebracht werden, dass unterschiedliche Artikulationsmöglichkeiten geschaffen, bestehende Machtverhältnisse reflektiert und hierdurch ein gesellschaftlicher Mehrwert erzeugt werden?

- Ist es geboten, auf der planungstheoretischen Ebene ein neues Paradigma einer transformativen Planung zu formulieren, das veränderte Annahmen in Bezug auf normative Orientierungen, Rationalitäten und Steuerungsmodi vertritt?

- Welchen Beitrag kann die systematische Integration von intersektionalen Geschlechterperspektiven in Bezug auf die Analyse und Gestaltung räumlicher Transformationsprozesse für die Planungstheorie und -praxis leisten?

Insgesamt gilt es, in Forschungsfeld III die Einflussfaktoren verschiedener Akteursgruppen zu analysieren und die Konsequenzen für die Gestaltung und die erforderlichen Priorisierungen in Planungsprozessen aufzuzeigen. Denn die räumliche Planung agiert längst nicht mehr ausschließlich hoheitlich, sondern beteiligt sich aktiv an gesellschaftlichen Aushandlungsprozessen. Zivilgesellschaft und Wirtschaft haben zunehmend an Einfluss gewonnen, unter anderem durch private Projektplanungen. Angesichts vielschichtiger Akteurskonstellationen und vielfältiger Konfliktlagen

(Wer vertritt „das Gemeinwohl"?) sowie der großen Komplexität der Herausforderungen stellt sich deshalb zunehmend die Frage, wie formelle und informelle Planungsprozesse künftig gestaltet werden sollen, welche neuen Instrumente entwickelt werden müssen und wie die damit verknüpften Beteiligungsprozesse auszugestalten sind.

Das Verständnis für die Mechanismen gesellschaftlicher Aushandlungsprozesse sowie der sichere Umgang mit den für die Gestaltung des Raumes und der Planungsprozesse relevanten Rechtsmaterien und Instrumenten sind grundlegende Voraussetzungen für die allseitige Akzeptanz von Planung sowie für ein rechtssicheres Planungshandeln. Der Trend der Verrechtlichung verschiedener gesellschaftlicher Bereiche ist auch in der Raumplanung zu verzeichnen. Es ist daher erforderlich, den Wandel von EU- sowie Bundes- und Landesrecht zu analysieren, die Konsequenzen aufzuzeigen und Handlungsempfehlungen für die problemadäquate Nutzung der rechtlichen Instrumente im Sinne der Erreichung politischer Zielsetzungen zu entwickeln.

Für die Einordnung der aktuellen Konstitution und aktueller Dynamiken der räumlichen Planung kann eine Analyse und Einordnung ihrer Entwicklungslinien wichtige Hinweise liefern. Daher wird weiterhin ein Fokus auf die Erforschung der Planungsgeschichte gelegt. Nachdem in den letzten Jahren die frühe Geschichte der Akademie und die Bewältigung des Übergangs von der Diktatur zur Demokratie mit der Problematik personeller und inhaltlicher Kontinuitäten aufgearbeitet wurde, soll künftig die Rolle der Raumplanung im Kontext der europäischen Integration und die Nachkriegsgeschichte der deutschen Raumplanung in unterschiedlichen Gesellschaftsmodellen stärker in den Blick gerückt werden.

4.3.2 Mittelfristige Forschungsbedarfe im Forschungsfeld (2023–2025)

Aus den in den Forschungsfeldern I und II beschriebenen notwendigen sozial-ökologischen Transformationsprozessen ergeben sich mit Blick auf die künftige Ausrichtung und Gestaltung von Planungsprozessen und Planungsrecht folgende mittelfristige Schwerpunktthemen mit Forschungsbedarfen: beschleunigte Planungsprozesse und aktuelles Planungsrecht, innovative Instrumente, Verfahren und Strategien der Raumentwicklung im Mehrebenensystem, demokratische räumliche Planung im Spannungsfeld zwischen Partialinteressen und veränderten Prioritäten, internationale Planungssysteme und -kulturen sowie die planungstheoretische Analyse von Begriffen und Konzepten und Ansätze zu deren Weiterentwicklung.

4.3.2.1 Beschleunigte Planungsprozesse und aktuelles Planungsrecht

Die Komplexität von Planungsprozessen steht in einem Spannungsverhältnis von Planungsbeschleunigung, Partizipationsanforderungen und Rechtssicherheit. Zugleich fordern neue politische Ziele wie der Ausbau erneuerbarer Energien oder soziotechnische Entwicklungen wie die Digitalisierung ständige Anpassungen von Planungsprozessen und Planungsrecht.

Die Abläufe in Planungsprozessen sind durch Datenverfügbarkeiten, Visualisierungstechniken und digitale Partizipationsverfahren bereits heute einer hohen Dynamik unterworfen. Zur Bewältigung dieser Herausforderungen bedarf es erweiterter Kompetenzen und erhöhter Sensibilisierung für den Umgang mit Daten und in Zukunft verstärkt mit den Ergebnissen Künstlicher Intelligenz (KI).

In inhaltlich-materieller Hinsicht sind etwa die Auswirkungen der Digitalisierung auf die Daseinsvorsorge und das Zentrale-Orte-Konzept zu betrachten (Online-Handel, Telemedizin, E-Learning etc.). Zwar besteht über die Notwendigkeit der Beschleunigung von Planungsprozessen sowie der Flexibilisierung des Planungsrechts weitgehend Einigkeit, jedoch ist nach wie vor offen, wie diese

Veränderungen umgesetzt werden können. Dabei wird der Verlust von Vertrauen in die demokratischen Institutionen und Planungs-/Beteiligungsprozesse ebenso befürchtet wie die Nichtbeachtung von Naturschutzzielen und eine zunehmende Anfälligkeit für gerichtliche Korrekturen (z. B. im Rahmen von Normenkontrollverfahren). Zu prüfen ist, welche Freiräume für die planenden Stellen möglich und hilfreich sind, z. B. für räumlich und zeitlich begrenzte Experimente, in denen die Auswirkungen spezifischer Flexibilisierungsansätze durch eine begleitende empirische Planungsforschung untersucht werden könnten. Außerdem gilt es, das Verhältnis von nationalen Bemühungen zur Planungsbeschleunigung im Verhältnis zum EU-Recht zu untersuchen.

Zu hinterfragen ist, welche Bedingungen und Mechanismen Planungsprozesse tatsächlich verzögern und durch welche Maßnahmen – über die Schaffung von Legitimation und Akzeptanz durch Beteiligung hinaus – zügige und reibungslose Abläufe gefördert werden können (z. B. robuste oder in einen rechtlich verbindlichen und einen eher politischen/handlungsorientierten Teil aufgeteilte Raumordnungspläne, Qualifizierung von Entscheidungsträgerinnen und -trägern).

Raumzeitliche Veränderungen in Planungsprozessen ergeben sich auch dadurch, dass Methoden und Werkzeuge, die im weitesten Sinne zur künstlichen Intelligenz gerechnet werden können, zunehmend Berücksichtigung in der räumlichen Planung finden, etwa bei planerischen Abwägungsprozessen. So können bspw. digitale Zwillinge für die Simulation künftiger oder alternativer Verkehrsnutzungen und ökologischer Bedingungen genutzt werden. Mittels Big Data sind Verschneidungen von statistischen Daten aus verschiedenen Sektoren in Echtzeit möglich; in Beteiligungsprozessen können in Echtzeit verschiedene Szenarien und ihre Konsequenzen visualisiert werden – alles ohne zeitaufwendige Gutachten oder Szenarioanalysen. Die hierdurch gewonnenen Erkenntnisse können direkt in Planungen einfließen. Hier gibt es – ähnlich wie bei der Digitalisierung der Partizipation – vielfältige neue Fragen zu bearbeiten hinsichtlich

> der finanziellen und technischen Ressourcen,

> inhaltlich wie sozial ausschließender Wirkungen,

> Unsicherheiten in der Beurteilung der potenziellen Erkenntnisse (intransparente Algorithmen bei Einsatz von Szenarioanalysen und KI),

> ihrer rechtlichen Beurteilung und auch

> ihrer Potenziale zur Beschleunigung und Vereinfachung von routinemäßigen Planungsprozessen.

Ein Ausbau des Engagements der ARL in planungsrechtlichen Diskussionen und Forschungen ist sinnvoll, da die Akademie insbesondere mit ihrem IIK Forum Planungsrecht gegenwärtig die einzige umfassende Plattform für den offenen Dialog zwischen Planungsrecht, Planungspraxis und Planungsforschung im deutschsprachigen Raum hat. Insbesondere die im Zuge der Transformationsdebatte wieder aufgeflammte Diskussion über eine notwendige Spezifizierung des Leitziels einer nachhaltigen Raumentwicklung gilt es planungsrechtlich aufzugreifen. Weiterer Bedarf besteht bezüglich der vergleichenden Analyse von Planungsgesetzen sowie der Rechtstatsachenforschung im Bereich des Planungsrechts. In diesem Kontext ist auch die Debatte über Planungsbeschleunigung durch sog. Legalplanung anzusprechen, wie sie z. B. in Dänemark für große Verkehrsprojekte zur Anwendung kommt (und in Deutschland in begrenztem Umfang von den Verkehrsprojekten zur deutschen Einheit bekannt ist). Hier könnten fundierte Stellungnahmen der ARL zur Versachlichung der Beschleunigungsdiskussion beitragen.

4.3.2.2 Innovative Instrumente, Verfahren und Strategien der Raumentwicklung im Mehrebenensystem

Strategische Raumplanung und Raumentwicklung ermöglichen es, räumliche Herausforderungen über territoriale Grenzen und Zuständigkeiten hinweg zu identifizieren und innovative gemeinsame Ansätze für eine nachhaltige Raumentwicklung zu finden. Dabei unterliegen die Teilräume unterschiedlichen räumlichen Entwicklungen, die es zu berücksichtigen gilt, um möglichen Konflikten und Konkurrenzen frühzeitig begegnen zu können.

Insbesondere im politisch-administrativen Mehrebenensystem stellt die strategische Raumentwicklung eine komplexe Daueraufgabe dar, deren konkrete Gestaltung immer wieder neue Formen annimmt und Spannungsfelder in der Governance räumlicher Entwicklungen offenbart. Hier ist vor allem der Einfluss der EU durch die Bereitstellung umfangreicher Fördermittel wie auch die Vorgabe bzw. Anregung innovativer Formate der Raumentwicklung von besonderer Bedeutung. Auf der nationalen Ebene wird den „Leitbildern und Handlungsstrategien für die Raumentwicklung in Deutschland“ eine wichtige Rolle für die Orientierung, Koordination und Innovation räumlicher Entwicklung zugesprochen. Entwicklungsstrategien sind jedoch nicht nur ein Aufgabenfeld im Bereich der räumlichen Planung, sondern werden auch als regionale Strukturpolitik von Wirtschaftsressorts, als ländliche Entwicklung von Landwirtschaftsministerien, als integrative Entwicklung in Biosphärenreservaten von Umweltressorts usw. durchgeführt und gefördert. Das Spannungsverhältnis zwischen diesen verschiedenen Ansätzen, ihre Konkurrenzen und Komplementaritäten sowie die vielfach gegebene Unübersichtlichkeit für die beteiligten Akteure verlangen eine genauere Analyse, die über die integrierende Funktion des Raumes geleistet werden kann. Von hohem wissenschaftlichem Interesse sind dabei auch sog. integrative „Sonderformate“ wie z.B. die Internationalen Bauausstellungen oder die REGIONALEN NRW mit regionalen Kooperationen von Kommunen, wirtschaftlichen und zivilgesellschaftlichen Akteuren.

Im Rahmen ihrer Aufgabe der wissensbasierten Analyse und Beratung zu aktuellen Fragen nachhaltiger Raumentwicklung wird sich die ARL aktiv an konkreten Diskussionen zur Weiterentwicklung der strategischen Raumplanung durch wissenschaftliche Beiträge beteiligen. Dazu gehört auch, neue Instrumente und Verfahren der Raumplanung zu konzipieren und zu diskutieren, da die bisherigen Ansätze vielfach zu wenig flexibel und umsetzungsorientiert sind, um den sich rasch wandelnden Dynamiken der Raumentwicklung gerecht zu werden. Insbesondere der IIK Regionalplanung wird im Wissenschafts-Praxis-Dialog zentrale Fragestellungen bearbeiten, bspw. in Kooperation mit dem IIK Braunkohlenregionen und dem Forum Planungsrecht zum Themenfeld der Braunkohlenausstiegsfolgen.

4.3.2.3 Demokratische räumliche Planung im Spannungsfeld zwischen Partialinteressen und veränderten Prioritäten

Partizipative und kooperative Ansätze haben in den vergangenen Jahrzehnten im Kontext einer Planung für nachhaltige Raumentwicklung einen erheblichen Bedeutungszuwachs erfahren. Indem die soziale Dimension nachhaltiger Raumentwicklung adressiert wird, sollen partizipative Verfahren die Integration unterschiedlicher Interessen in Entscheidungsfindungen ermöglichen und damit zu einer demokratischen räumlichen Planung sowie zu legitimierten Entscheidungen beitragen. Aktuell wird allerdings verstärkt die Erosion dieses Anspruchs beklagt. Werden unter veränderten Priorisierungen und Notwendigkeiten, bspw. für den Klimaschutz, Beteiligungsrechte hintangestellt? Zudem verdeutlichen macht- und herrschaftskritische Perspektiven auf Beteiligungsprozesse, dass diese oftmals nicht integrativ, sondern vielmehr sozial selektiv sind (insbesondere im Hinblick auf den sozioökonomischen Status, das Geschlecht und die Sprache, vgl. Kapitel 4.1.2.1).

Insbesondere der im Zuge der Energiewende notwendige Ausbau erneuerbarer Energien führt zu zum Teil massiven Widerständen von Natur- und Heimatschützerinnen und -schützern, Anwohnerinnen und Anwohnern etc. Vor dem Hintergrund klarer politischer Zielsetzungen und in Anerkennung des Spannungsverhältnisses von Verfahrensbeschleunigung und Partizipationstiefe muss analysiert werden, wer sich vor welchem Hintergrund wie zu den Ausbauplänen positioniert und welchen Beitrag partizipative und kooperative Planungsansätze zur Minderung der Konflikte leisten können und sollen.

Neben der Legitimation und Akzeptanz erfordern auch die in Planungsprozessen verankerten Mitgestaltungsmöglichkeiten für Menschen mit unterschiedlichsten sozioökonomischen Voraussetzungen sowie die Gefährdung demokratischer Elemente in Planungsprozessen vertiefte Beachtung. Neben den demokratisch legitimierten Vertreterinnen und Vertretern des Gemeinwesens, die die Interessen des Gemeinwohls bei anstehenden Planungsentscheidungen beachten müssen, erheben seit einiger Zeit zunehmend weitere gesellschaftliche Gruppen den Anspruch, für das Gemeinwohl einzutreten. Ab welchem Punkt drängen sich Partialinteressen zu stark in den Vordergrund? Wer vertritt in einer sich zunehmend diversifizierenden Gesellschaft heute und in Zukunft das Gemeinwohl? Ist die Planungspraxis mit ihrer aktuellen Ressourcenausstattung noch in der Lage, immer umfassendere Beteiligungsprozesse durchzuführen? Und welche planungskulturellen Veränderungen lassen sich in diesem Kontext beobachten und haben Konsequenzen für Planungsrecht, -verfahren und -instrumente?

Beachtung erfordert in diesem Zusammenhang die Definitionsmacht einzelner gesellschaftlicher Gruppen. Die Querschnittsperspektive Geschlecht kann dabei als eye-opener für Machtverhältnisse zwischen beteiligten – und nicht-beteiligten – Akteuren dienen und neben individuellen insbesondere auch strukturelle Ungleichheitslagen sichtbar machen (z. B. in Bezug auf die Beteiligung von Laien und Expertinnen/Experten und die jeweilige ökonomische Situation).

Auch die Digitalisierung stellt sich mit Blick auf ihren Beitrag zu einem Mehr an Beteiligung und Demokratie ambivalent dar. Denn einerseits werden hier neue Beteiligungschancen unabhängig von Zeit und Raum geschaffen und auch sonst benachteiligte Gruppen explizit adressiert (z. B. Menschen mit Behinderungen). Andererseits berührt eine neue Selektivität aufgrund ungleich verteilter Akzeptanz, technischer Möglichkeiten und Kompetenzen zur Nutzung digitaler Beteiligungsformate nicht nur Aspekte von Gerechtigkeit, sondern wirft auch neue rechtliche Fragen auf.

Die ARL wird sich mittelfristig mit der Frage auseinandersetzen, inwiefern verschiedene gesellschaftliche Gruppen an Raumentwicklungsprozessen teilhaben können und dabei Macht strukturell und situativ unterschiedlich verteilt ist. Diese Frage wird u. a. auch im Rahmen des internationalen IIK Gender and Spatial Transformation verhandelt werden, der Fragen von Teilhabe und Machtverhältnissen aus Geschlechterperspektiven betrachtet und somit einen wichtigen Beitrag zur Querschnittsperspektive Geschlecht leistet, die für alle Forschungsfelder Relevanz besitzt. In intersektionaler Erweiterung dieser Perspektiven gilt es z. B. auch danach zu fragen, inwieweit verschiedenen Personengruppen (z. B. Menschen mit Migrationsbiographie) an Planungsprozessen teilhaben (können) und wie sich gesellschaftliche Diversität auch in der Praxis der Raumentwicklung widerspiegeln lässt.

4.3.2.4 Planungssysteme und -kulturen: Historische Genese und internationaler Vergleich

Raumplanung und räumliche Entwicklung sind bisher in ihren Aktionsräumen vor allem nationalstaatlich und durch politisch-administrative Grenzen geprägt. Die europäische Geschichte der Raumplanung hat nach 1945 ein sehr differenziertes System nationalstaatlich verfasster Ansätze zur Steuerung räumlicher Entwicklung hervorgebracht. Zunächst mit Fokus auf den Wiederaufbau der Staaten Europas, haben sich in den nachfolgenden Dekaden planungskulturell verschiedene

Entwicklungslinien durchgesetzt, die bis heute wirkmächtig sind. Beispielsweise können Konkurrenzen zwischen mitteleuropäisch geprägten und mit ihnen verwandten Planungssystemen bzw. -kulturen und (neo-)liberalen Ansätzen insbesondere in osteuropäischen Staaten beobachtet werden.

Die ARL ist seit Jahrzehnten eine wichtige Akteurin im Feld der Reflexion von Raumplanung und Raumentwicklung. Sie sieht es als eine wichtige Aufgabe an, in diesem Feld Anstöße zur Bearbeitung der Planungsgeschichte, des Inhalts- und Bedeutungswandels der räumlichen Planung und Entwicklung einschließlich der Rolle von Forschung und Ausbildung zu geben. In Form von Arbeitsgremien der ARL, Workshops und Tagungen, von Forschungsprojekten[1] im Verbund mit anderen raumwissenschaftlich und zeithistorisch arbeitenden Instituten sollen weitere Initiativen zur Bearbeitung wichtiger Fragen der Planungs-, Institutionen- und Ideengeschichte gestartet werden, die sich unter anderem folgenden Fragen widmen sollen:

> Wie wurde das System der räumlichen Planung in der Bundesrepublik nach dem Zweiten Weltkrieg etabliert: Mit welchen Intentionen, Ableitungszusammenhängen, Begründungen, Akteuren und Folgen?

> Wie wurde das System der Territorialplanung in der DDR etabliert: Mit welchen Intentionen, Ableitungszusammenhängen, Begründungen, Akteuren und Folgen?

> Wie haben sich Bedeutung und Funktion räumlicher Planung in BRD und DDR gewandelt?

> Welchen Bedeutungswandel haben zentrale Begriffe im Laufe der letzten Jahrzehnte erfahren (z. B. „Raumordnung“ und „Tragfähigkeit“)?

> Wie hat sich die Profession im Bereich der räumlichen Planung entwickelt, einschließlich der Institutionalisierung der universitären Ausbildung?

Trotz der starken nationalstaatlichen Einbettung von räumlicher Planung und Entwicklung haben aktuelle Problemlagen und Herausforderungen meist einen grenzüberschreitenden Charakter, was sich insbesondere auf der europäischen Ebene mit ihren engen sozioökonomischen Verflechtungen zeigt. Zwar hat die EU keine formale Kompetenz im Bereich der Raumordnung, beeinflusst aber die empirisch sichtbare Raumentwicklung, raumplanerische Prozesse und insbesondere Ansätze der strategischen Raumentwicklung auf vielfältige Weise durch ihre Kompetenz zur verbindlichen Entscheidung im Bereich sektoraler Planungen sowie durch die inhaltliche Konzeption und Ausgestaltung umfangreicher finanzieller Förderprogramme (z. B. Europäischer Fonds für Regionale Entwicklung (EFRE) oder Europäischer Sozialfonds (ESF)) und strategische Rahmendokumente (z.B. Neue Leipzig-Charta 2020, Territoriale Agenda 2030). Daher wird sich die ARL künftig auch verstärkt den Ansätzen auf EU-Ebene zur Raumentwicklung und ihren Auswirkungen in den Staaten und Regionen widmen.

Ein mittelfristig bedeutsames Thema der internationalen Planungsforschung ist die nationalstaatliche Grenzen überschreitende Planung in Grenzregionen. So ist insbesondere im Zusammenhang mit der Corona-Pandemie eine neue Aufmerksamkeit für diese von temporären Grenzschließungen betroffenen Regionen in Europa entstanden, die es sowohl mit Blick auf Planungsinstrumente und Planungsrecht als auch hinsichtlich planungskultureller Fragen wie (trans-)nationaler Identitäten zu reflektieren gilt. Neben der grenzübergreifenden Abstimmung oder gar Integration forma-

1 Ein Ziel weiterer Forschungen in den nächsten Jahren ist es, über Interviews die Sicht der am Aufbau und an der Etablierung der räumlichen Planung in West- und Ostdeutschland beteiligten Akteure zu erfassen. Es soll herausgearbeitet werden, welche Rolle die seinerzeit handelnden Akteure in Bezug auf die Herausbildung von Strukturen, planerischen Routinen und des Berufsfelds der Planerinnen und Planer hatten. Zudem sollen auch Einschätzungen von Wissenschaftlerinnen und Wissenschaftlern einfließen, die sich in diesen Jahren fachlich mit der Etablierung des Systems der räumlichen Planung befasst haben.

ler räumlicher Planung ist auch die grenzübergreifende regionale Kooperation im Hinblick auf die informelle Raumentwicklung (wieder) ein wichtiges, nicht mehr selbstverständliches Thema. Vor dem Hintergrund multipler sozial-ökologischer Krisen stellt sich dabei insbesondere die Frage, inwieweit durch grenzübergreifende Raumplanung und -entwicklung die Resilienz von Regionen verbessert werden kann. Darüber hinaus gewinnen grenzübergreifende Betrachtungen zur Organisation von Infrastrukturen der Daseinsvorsorge angesichts ihrer Bedrohung durch Krieg, Finanzmittelknappheit und demographischen Wandel erheblich an Bedeutung. Es ist davon auszugehen, dass sich die Tragfähigkeit derartiger Infrastrukturen eher grenzübergreifend als auf nationaler Basis herstellen lässt und damit die Benachteiligung von peripheren Grenzräumen abgebaut werden kann. Dabei sind nicht nur unterschiedliche Planungssysteme, sondern auch die verschiedenen Planungskulturen (nationale, regionale und lokale) von Bedeutung, also eine explizite Beschäftigung mit den gesellschaftskulturellen Kontexten von Planung, zugrunde liegenden Werten, Orientierungen und Traditionen sowie mit dem Wandel von Planungskulturen. Internationale Vergleiche lassen erkennen, wie sich Machtstrukturen und Ungleichheiten in der Organisation und Struktur der Planung von Raumnutzung und -aneignung in unterschiedlichen europäischen Regionen auswirken und welche Implikationen Planung für eine gerechte Gesellschaft haben kann.

Für die ARL ist die Auseinandersetzung mit internationalen Planungssystemen und -kulturen – mit spezifischem Fokus auf Europa – ein wichtiges und deswegen intensiv zu bearbeitendes Schwerpunktthema. Entsprechend stellt Internationalisierung auf der inhaltlichen Ebene eine Querschnittsperspektive aller Forschungsfelder dar. Auf der institutionellen Ebene bildet die 2021 eingerichtete internationale Wissen- und Kommunikationsplattform (www.arl-international.com) eine hervorragende Grundlage für den international vergleichenden Diskurs über Planungssysteme und -kulturen in Europa. Dadurch kommt der Plattform bei der Entwicklung grenzüberschreitender Lösungsstrategien (für die großen globalen Herausforderungen) eine bedeutende Rolle zu.

4.3.2.5 Planungstheoretische Analyse von Begriffen und Konzepten und Ansätze zu deren Weiterentwicklung

Vor dem Hintergrund der aktuellen sozial-ökologischen Krisen stellen sich eine Reihe von planungstheoretischen Fragen, die sowohl die prozedurale als auch die substantielle Ebene von Planung betreffen und damit die Notwendigkeit planungstheoretischer Diskurse und theoriegeleiteter planungswissenschaftlicher Forschung aufzeigen. Allerdings ist die empirische planungswissenschaftliche Forschung an den raumwissenschaftlichen Fakultäten der Universitäten und außeruniversitären Forschungsinstituten nur in relativ geringem Umfang vorhanden. Ein wesentliches Alleinstellungsmerkmal der ARL ist es, hierfür eine kontinuierliche Plattform zu bieten und sowohl Grundlagenwerke mit Synthesewissen zu produzieren als auch zu spezifischen planungstheoretischen Themen zu arbeiten.

Mit Blick auf die multiplen Krisen, wie sie in Forschungsfeld I insbesondere aus gesellschaftlicher und in Forschungsfeld II insbesondere aus ökologischer Perspektive beschrieben wurden, besteht die Notwendigkeit, ein integratives, sozial-ökologisch vermitteltes Raumverständnis zu formulieren. Ein solches relationales Raumverständnis begreift Raum sowohl als Produkt als auch als Prozess. Aus planungstheoretischer Perspektive gilt es danach zu fragen, inwieweit die derzeitigen Planungsinstrumente geeignet sind, im Planungsprozess ein solches sozial-ökologisches Raumverständnis zu adressieren und Raum entsprechend integrativ zu gestalten.

Im Rahmen dieses Themenschwerpunkts sollen auch die Zukünfte räumlicher Planung und Entwicklung antizipiert werden. Mit einer Zukunftsperspektive lassen sich Nachhaltigkeitsorientierung, Planung und Transformation miteinander verbinden. Doch wie können gesellschaftliche Bedürfnisse, nachhaltige und gerechte Raumstrukturen für künftige Generationen theoretisch wie auch praktisch planerisch schon heute umgesetzt werden? Hierbei ist ein erkenntnistheoretischer Zugang mit Fragen nach praktischer Prozessgestaltung zu verbinden, bspw. hinsichtlich Kriterien für Planungsbeschleunigung und Qualität. Welche Herausforderungen (z.B. Stellvertreterproblematik, Umgang mit Unsicherheit) sind damit verbunden? Wie können „Zukünfte" inhaltlich beschrieben werden, ohne nur den Status quo fortzuschreiben? Wie müssen Planungen – auf welcher Ebene – gestaltet werden, um in ihren Zukunftsperspektiven und Transformationspotenzialen möglichst offen zu sein?

Die ARL wird sich auch weiterhin an der theoriegeleiteten planungswissenschaftlichen Forschung beteiligen. Dabei soll künftig eine stärkere Verschränkung mit den beiden Querschnittsperspektiven (vgl. Kapitel 2) erfolgen, um z.B. die planungstheoretischen (und darüber vermittelt die planungspraktischen) Implikationen einer geschlechtergerechten Raumplanung zu reflektieren. Außerdem wird angestrebt, eine Basis für kontinuierliche (internationale) planungstheoretische Diskurse im Zusammenhang mit der neuen englischsprachigen Wissens und Kommunikationsplattform der ARL zu Planungssystemen und -kulturen zu schaffen.

4.4 Forschungsfeld IV: Reflexion von raumbezogener Forschung und Raumentwicklung / Reflection on spatial research and spatial development

Auf einen Blick

Thematischer Fokus
Forschungsfeld IV beschäftigt sich in den Jahren 2023–2028 mit der Reflexion der Arbeitsweisen der ARL und ihres Wissenschaftsverständnisses im größeren Kontext von Raumforschung und Raumentwicklung. Insbesondere die Erfassung und Bewertung der Wirkweisen der ARL-Aktivitäten sind ein zentraler Schwerpunkt. Daneben stehen die Reflexion über ihre Rolle im aktuellen Wissenschaftssystem sowie über ihre Geschichte im Fokus.

Zentrale Themen in den Jahren 2023–2028:
1. Transfer- und Wirkungsforschung
2. Forschen in gesellschaftlicher Verantwortung
3. Aufarbeitung der Geschichte der ARL

Die Aktivitäten im Forschungsfeld finden vor dem Hintergrund der Arbeitszusammenhänge der ARL statt, die aufgrund ihrer inter- und transdisziplinären, anwendungs- und nutzerorientierten, inklusiven und integrativen Ausrichtung für die reflektierte Betrachtung von Raumforschung und Raumentwicklung aus mehreren Gründen prädestiniert ist: Sie ist die einzige raum- und planungswissenschaftliche Einrichtung im deutschsprachigen Raum, die grundlegende und aktuelle Themen der Raumentwicklung und Raumplanung in einer transdisziplinären, netzwerkförmigen Arbeitsweise bearbeitet. Im Laufe ihrer langen Geschichte, die in Forschungsfeld IV kritisch erforscht wird, ist sie selbst eine Akteurin der Raumentwicklung und Raumplanung geworden. Die ARL besteht aus einem kompetenten und engagierten Netzwerk, das einen großen Beitrag zur Vernetzung der deutschsprachigen „Raumszene" leistet und in den kommenden Jahren noch stärker diversifiziert und internationalisiert werden wird. Als Mitglied der Leibniz-Gemeinschaft ist die ARL zudem zu wissenschaftlicher Exzellenz verpflichtet. Daher ist die ARL gerade als wissenschaftliche Einrichtung aufgefordert, ihre Rolle, Arbeitsweisen und Wirkungen im Bereich der Politik- und Gesellschaftsberatung systematisch und methodologisch angemessen zu reflektieren.

4.4.1 Langfristige Problemstellungen im Forschungsfeld (2023–2028)

Die in Forschungsfeld IV geplanten Vorhaben stehen im Zusammenhang mit Herausforderungen, die aus der spezifischen netzwerkförmigen, inter- und transdisziplinären Arbeitsweise der ARL resultieren. Es ist anerkannt, dass sich deren (gesellschaftliche) Relevanz nicht allein mit den klassischen Erfolgskriterien des Wissenschaftssystems, wie impactstarken Publikationen und deren Zitationen sowie kompetitiv eingeworbenen Drittmitteln, nachweisen lässt. Aufgabe der ARL ist es, im Kontext der Raumentwicklung Wissenschaft und Praxis integrativ zu verknüpfen. Damit besteht ihre Aufgabe darin, verschiedene gesellschaftliche Gruppen aus Politik und Planungspraxis/Verwaltung, aber auch Zivilgesellschaft und Wirtschaft mittels evidenzbasierter Beratung zu befähigen, gut informierte Entscheidungen zu treffen oder neue Erkenntnisse zu entwickeln, die in raumrelevantes Handeln einfließen (Empowerment).

Diese Rolle der ARL erhält eine wachsende Relevanz durch eine Zunahme der Zielkonflikte und Aushandlungsbedarfe mit räumlichem Bezug. Mit den großen Transformationsprozessen gehen Herausforderungen beispielsweise im Kontext von Digitalisierung, Globalisierung oder Klimawandel/Energiewende einher, die eine besondere Raumrelevanz entfalten und Auswirkungen auf gesellschaftlichen Zusammenhalt, Nachhaltigkeit oder öffentliche Aufgaben wie Gesundheitsversorgung haben. Die Schwierigkeit, Relevanz und Qualität eines solchen Aufgabenprofils zu bewerten, findet gegenwärtig in der Wissenschaft wie der Forschungspolitik verstärkte Aufmerksamkeit,[2] etwa im Zusammenhang mit der wachsenden Bedeutung anwendungsorientierter/praxisrelevanter Wissensgenerierung zu gemeinwohlorientierten Fragestellungen in genannten Kontexten. Bei diesen Themen zeigt sich ein wachsender Bedarf an Wissenstransfer und co-kreativen Prozessen (Co-Design, Citizen Science), Wissenschaftskommunikation sowie Politik- und Gesellschaftsberatung, die nicht nur evidenzbasiert, sondern auch für verschiedene Gruppen spezifisch und nutzerorientiert zu gestalten sind. Methoden zur Sicherung der Qualität, zur Bewertung des „Erfolgs“ und zur Einschätzung der Wirksamkeit von Wissenstransfer, Kommunikation und Beratung werden aktuell unter Stichworten wie „Transferindikatorik“ und „Research Impact Assessment“ diskutiert. Diesen wachsenden Ansprüchen gerecht zu werden, bedarf es einer Adaption anderweitig laufender Forschungsarbeiten und Initiativen für die Arbeitsweise der ARL. Die Beschäftigung mit dieser Thematik bildet einen Schwerpunkt des Forschungsfeldes.

Die ARL hat sich mit der Problematik der Wirkungsanalyse und der Einschätzung des „Erfolgs“ ihrer eigenen Arbeitsergebnisse bereits eingehend befasst (u. a. im Rahmen sog. Impact Stories). Ein zentraler Aspekt ist dabei eine sog. „Zuordnungslücke“: Da die Mitwirkenden an den vielfältigen Aktivitäten in der Regel zugleich in einer „Heimatinstitution“ verankert sind (z. B. Planungsbehörde, Universität), ist diese Zuordnungslücke besonders groß, da viele Outcomes diesen Heimatinstitutionen angerechnet werden und nicht oder nur in Teilen der ARL. Welche weitergehenden Wirkungen aus der Mitwirkung im Netzwerk resultieren, lässt sich dann – auch aufgrund zeitlicher Verzögerungen zwischen Aktivität und potenzieller Wirkung – umso schwerer valide und zuverlässig nachweisen.[3] Aufbauend auf ihren bisherigen Arbeiten und im Einklang mit ihrer strategischen Ausrichtung (>> Strategie „Wissenstransfer – Kommunikation – Wirkung“) wird die ARL künftig spezifisch auf ihre Arbeitsweise rekurrierende konzeptionelle, grundlegende, aber auch empirisch unterlegte Beiträge zur Transfer- und Wirkungsforschung und dem zugehörigen wissenschaftspolitischen Diskurs – vielfältig in Kooperation mit einschlägig erfahrenen Einrichtungen – leisten.

Der zweite zentrale Schwerpunkt in diesem Forschungsfeld ist die Auseinandersetzung mit der Geschichte der ARL nach den Maßstäben der historisch-kritischen Geschichtswissenschaft. Dies umfasst insbesondere Folgeaktivitäten zu der zwischen 2016 und 2022 durchgeführten Studie

2 Siehe hierzu u. a. Wissenschaftsrat (2020): Anwendungsorientierung in der Forschung. Positionspapier (Drs. 8289-20). Berlin.

3 Vgl. Blotevogel, H. H.; Wiegand, T. S. (2015): Zur Evaluation von Wissensgenerierung und Wissenstransfer in der Akademie für Raumforschung und Landesplanung (ARL) – Leibniz-Forum für Raumwissenschaften. In: Raumforschung und Raumordnung | Spatial Research and Planning 73 (3),155-165.

„Von der RAG zur ARL: personelle, institutionelle, konzeptionelle und raumplanerische (Dis-)Kontinuitäten“, so beispielsweise die Sicherung und Auswertung des Erfahrungswissens der ARL-Mitglieder hinsichtlich sowohl der Geschichte der ARL als auch der Geschichte der räumlichen Planung in den Nachkriegsjahrzehnten.

4.4.2 Mittelfristige Forschungsbedarfe im Forschungsfeld (2023–2025)

Die ARL sieht für die folgenden drei Schwerpunktthemen mittelfristigen Forschungsbedarf: Transfer- und Wirkungsforschung, Forschen in gesellschaftlicher Verantwortung sowie Aufarbeitung der Geschichte der ARL.

4.4.2.1 Transfer- und Wirkungsforschung zu inter- und transdisziplinären Netzwerken

Wie kann die gesellschaftliche Relevanz der ARL-Aktivitäten in ihrer netzwerk- und anwendungsorientierten Form angemessen dokumentiert und eingeschätzt werden? Welche Schlüsse für eine wirkungsorientierte Steuerung der Gremienarbeit sowie die Weiterentwicklung von Transfer-/Kooperationsformaten ergeben sich hieraus?

Ein extern vergebener Forschungsauftrag über die unentgeltliche, netzwerkförmige Wissensproduktion in der ARL und ihre Wirksamkeit[4] hat gezeigt, dass Wirkungspfade häufig aus mehreren Aktivitäten zu einem Themenfeld entstehen bzw. mittels mehrerer Aktivitäten auf verschiedenen (Governance-)Ebenen. Das wird zum Anlass genommen, mittelfristig eine systematische und adäquate Wirkungsanalyse zu etablieren, die für die gesamte Wirkungskette (Wirkungserwartungen/-potenziale, Wirkungsformen und -grade sowie Wirkungspfade) Erfassungs- und Bewertungsinstrumente entwickelt und implementiert. Die ARL verfolgt damit zwei Ziele: Zum einen soll ARL-intern eine wirkungsorientierte Steuerung der Forschungs- und Transferaktivitäten etabliert werden. Zum anderen sollen weiterführende Beiträge zur Transfer- und Wirkungsforschung, i. d. R. in Kooperation mit fachkundigen Partnern, geleistet werden.

Wirkungsorientierte Steuerung der ARL-Aktivitäten
Die ARL verfolgt das Ziel, in ihren transdisziplinären, netzwerkförmigen Arbeitszusammenhängen gesellschaftliche Relevanz und Wirksamkeit im gesamten Forschungszyklus zu reflektieren und gezielt zu fördern. Dazu ist es notwendig, möglichst für alle Arbeitsgremien und Arbeitsergebnisse Aussagen zur Wirksamkeit (in Politik, Verwaltung, Wirtschaft und Zivilgesellschaft) machen zu können und diese künftig auch verstärkt proaktiv zu steuern. Zu diesem Zweck hat die ARL die Strategie „Wissenstransfer – Kommunikation – Wirkung“ erarbeitet, welche die wirkungsorientierte Steuerung als Instrument der Organisationsführung darstellt.

Die Umsetzung der Strategie erfordert zum einen die möglichst vollständige Erfassung und Analyse (ex post) der (vorhandenen) Wirksamkeit bzw. der Wirkungspotenziale, auch um die oben erläuterte Zuordnungslücke zu schließen. Dafür wird ein eigenständiges Konzept der Wirkungsanalyse aus qualitativen und quantitativen Elementen entwickelt, welches passgenau die Einschätzung der einzelnen ARL-Aktivitäten – auch im Vergleich untereinander sowie ihre Veränderungen im zeitlichen Längsschnitt – ermöglichen wird. Hierfür wird für alle Arbeitsgremien ein System der kontinuierlichen Berichterstattung zu Output, Outcome und (möglichen) Wirkungen entwickelt, bspw. mittels Impact-Protokollen und Impact Stories. Dafür ist es erforderlich, die Mitglieder und weiteren Mitwirkenden des Netzwerks für gesellschaftliche Relevanz und Wirkungsorientierung zu sensibilisieren.

4 Die Studie wurde vom ISOE – Institut für sozial-ökologische Forschung im Auftrag der ARL zwischen März und Oktober 2021 durchgeführt.

Zum anderen erfordert die Umsetzung der Strategie die Reflexion und Planung (ex ante) von Zielgruppen, Produkten sowie möglichen Wirkungspotenzialen und -pfaden am Beginn der Arbeitsprozesse, insbesondere auch mit Blick auf Transfer- oder Kooperationsaktivitäten. Diese setzt bereits bei der Forschungsplanung und Themengenerierung an. Ressourcen und Rollen der Mitwirkenden (Schlüsselfiguren für Wissenschaft und Praxis auf verschiedenen politisch-administrativen Ebenen) sollen unter Berücksichtigung der Querschnittsperspektiven „Internationalisierung" und „Geschlecht" reflektiert und gezielter genutzt werden. Mittel- bis langfristig können Erkenntnisse aus der Ex-post-Reflexion für die Planung der Aktivitäten genutzt werden.

Erfordernisse in Transfer- und Wirkungsforschung
Die oben genannte Entwicklung und Implementierung von Instrumenten zur Erfassung und Analyse sowie zur Zuordnung von Wirkungen bedarf einer theoretisch-konzeptionellen sowie empirischen Forschung. Diese wird bereits von renommierten Einrichtungen geleistet, auf deren Erfahrungen und Erkenntnissen aufgebaut werden soll, um sie für die ARL zu adaptieren.

Die alleinige (quantitative) Messung ist nicht hinreichend, zumal es bislang dafür kein allseits anerkanntes Instrumentarium gibt – es bedarf einer qualitativen Bewertung und Reflexion sowie einer Rückbindung an theoretische Grundlagen von Wissenstransfer und Wirkungsevaluierung aus anderen Disziplinen oder Anwendungskontexten (bspw. Politikberatung, Beteiligung in Planungsprozessen, soziale Innovationsforschung etc.). Die spezifische Wirkungsweise der Wissensgenerierung und des Wissenstransfers in der ARL – auch im Hinblick auf die transdisziplinäre Wissenssynthese und deren besondere Bedeutung für die Arbeitsweise der ARL – muss noch weiter untersucht und empirisch belegt werden.

Hierfür wird auch die Einwerbung von Drittmitteln in Kooperation mit fachkundigen Partnern angestrebt. Erkenntnisse aus Implementierung und Umsetzung der wirkungsorientierten Steuerung und der genannten Forschungsleistungen sollen kontinuierlich für weiterführende Beiträge zur Transfer- und Wirkungsforschung genutzt werden. Dies soll in Zusammenarbeit mit den entsprechenden Gremien, Forschungsverbünden und -netzwerken in der Leibniz-Gemeinschaft, in der Fachcommunity (außeruniversitäre Forschungsorganisationen wie auch einschlägige Universitätsinstitute) und in internationalen Zusammenhängen geschehen.

4.4.2.2 Forschen in gesellschaftlicher Verantwortung

Die meisten „großen" Forschungsthemen und Fragestellungen sind heute zwischen verschiedenen Disziplinen angesiedelt. Mit steigendem Wissensstand und ausdifferenzierter Forschung gewinnen Forschungsprozesse an Komplexität. Auch globale Krisen und Unsicherheiten erfordern eine ganzheitliche Herangehensweise an die Forschung sowie die Rückkopplung ihrer Aktivitäten und Ergebnisse in den gesellschaftlichen Diskurs. Was als exzellente Forschung gilt, basiert jedoch immer noch auf disziplinären, wissenschaftsimmanenten Kriterien. Sich dauerhaft jenseits davon zu verorten, wird selten honoriert.

Im Rahmen des zwischen April 2021 und März 2024 vom BMBF geförderten Verbundprojekts[5] „Forschen in gesellschaftlicher Verantwortung – Gestaltung, Wirkungsanalyse, Qualitätssicherung" (LeNa Shape) beteiligt sich die ARL an der Etablierung des Prinzips „Forschen in gesellschaftlicher Verantwortung" sowie der Weiterentwicklung von Qualitätskriterien in der Forschung. In der ARL selbst spielen etliche der Kriterien für „Forschen in gesellschaftlicher Verantwortung", wie etwa die Inter- und Transdisziplinarität sowie die Nutzerorientierung, traditionell eine große

5 Am Projekt beteiligt sind Einrichtungen der Fraunhofer-Gesellschaft (Fraunhofer ICT, Fraunhofer ISI, Fraunhofer UMSICHT), der Helmholtz-Gemeinschaft (FZ Jülich, KIT-ITAS) und der Leibniz-Gemeinschaft (ARL, ZALF, ZMT), ein Institut der Max-Planck-Gesellschaft (MPIWG) sowie Institute der LMU München, der RWTH Aachen und der Universität Tübingen. Weitere Informationen unter www.nachhaltig-forschen.de.

Rolle. Mit anderen Kriterien wird sich die ARL im Zusammenhang mit der wirkungsorientierten Steuerung (s. o.) zukünftig verstärkt befassen. Dies betrifft insbesondere die integrative Herangehensweise und den Umgang mit Unsicherheit und Komplexität.

Diese Kriterien regen zu einer Reflexion über verschiedene Aspekte eines Forschungsgegenstandes und -prozesses sowie diesbezügliche Wechselwirkungen an und gewinnen besonders im Hinblick auf die großen gesellschaftlichen Herausforderungen an Bedeutung. Die Raumplanung, die räumliche Entwicklungsprozesse koordinieren und Einfluss auf die Entwicklungsmöglichkeiten zukünftiger Generationen nehmen will, trägt eine besondere Verantwortung für die Reflexion intendierter und nicht-intendierter Wirkungen. Dies umfasst auch eine Auseinandersetzung mit dem Steuerungsverständnis in der räumlichen Planung, das in der Vergangenheit jedoch zu wenig methodisch reflektiert, sondern eher intuitiv realisiert wurde. Gleichwohl sind die Raum- und Planungswissenschaften für eine gelingende Umsetzung der hier skizzierten Weiterentwicklungen im Wissenschaftssystem prädestiniert.

4.4.2.3 Aufarbeitung der Geschichte der ARL

Ein Schwerpunkt dieses Bereichs war und ist seit 2016 die wissenschaftliche Aufarbeitung der Geschichte der ARL – insbesondere ihrer Anfangsjahre – und ihrer Vorgängereinrichtung, der Reichsarbeitsgemeinschaft für Raumforschung (RAG), vor dem Hintergrund der Entwicklung des Systems der Raumplanung in Deutschland.[6] Mit dem Abschluss des zugehörigen Forschungsauftrages liegt eine umfassende, mit Methoden der kritischen Geschichtswissenschaften geleistete externe Aufarbeitung der frühen Akademiegeschichte vor. Das Präsidium der ARL hat bekräftigt, auch weiterhin die vielschichtigen Facetten der Akademievergangenheit aufzuarbeiten, um detaillierter zu erfassen, welche Verstrickungen – personell, konzeptionell und institutionell – mit dem NS-Regime bestanden.[7]

Im Zusammenhang mit den in Forschungsfeld III dargestellten Forschungsabsichten zur Planungsgeschichte ist vorgesehen, weitere Phasen der Akademiegeschichte wissenschaftlich aufzuarbeiten. Im Fokus stehen insbesondere die Jahre nach 1955 – anschließend an die bereits vorliegende Analyse der „Anfangsjahre" der ARL einschließlich des Übergangs von der früheren Reichsarbeitsgemeinschaft für Raumforschung zur ARL. Hier soll unter anderem herausgearbeitet werden, wie sich die ARL als Einrichtung der Wissenschaft gefestigt hat, welche Rolle frühere personelle Netzwerke noch immer spielten und welchen Beitrag sie beim Aufbau und der Etablierung der institutionalisierten räumlichen Planung in Deutschland hatte.

Schließlich ist das Ziel, die Biographien von Schlüsselpersonen der ARL der ersten Nachkriegsjahrzehnte – insbesondere ihrer Ehrenpräsidenten und Ehrenmitglieder – einer kritischen Analyse und Bewertung durch externe Wissenschaftler/innen zu unterziehen. Dabei soll herausgearbeitet werden, welche Rolle diese Personen in der NS-Zeit spielten, welche Denk- und Forschungsansätze sie prägten und welche Bedeutung sie in der „jungen" ARL hatten.

6 Ein wichtiger Meilenstein war die Veröffentlichung der Ergebnisse eines Forschungsauftrags zum Thema „Von der RAG zur ARL: Personelle, institutionelle, konzeptionelle und raumplanerische (Dis-)Kontinuitäten" Ende Januar 2022 im Wallstein-Verlag unter dem Titel „Wissenschaft ‚in jedem Gewand'? Von der ‚Reichsarbeitsgemeinschaft für Raumforschung' zur ‚Akademie für Raumforschung und Landesplanung' 1935 bis 1955" (Autor: Dr. Oliver Werner).

7 Präsidium der ARL (2022): Zur Geschichte der ARL. In: Nachrichten der ARL 52 (02-03), 49-50.

5 Ausblick

Raumentwicklung findet gegenwärtig unter den Bedingungen multipler Krisen statt. Das führt zu ständig neuen und immer komplexer werdenden Herausforderungen. Die gesellschaftlichen Herausforderungen haben räumliche Auswirkungen, werden aber auch durch räumliche Bedingungen geprägt.

So hat beispielsweise der politische und rechtliche Umgang mit den Folgen der Corona-Pandemie die Bedeutung von Grenzen und von territorialen Zugehörigkeiten etwa von Wohnstandorten in unerwarteter Weise neu ins Blickfeld gerückt. In besonders dramatischer Weise führt der Krieg von Russland gegen die Ukraine vor Augen, dass Grenzen auch in Europa wieder gewaltsam infrage gestellt werden können. Vor kurzem wären solche Themen für irrelevant gehalten worden.

Der Klimawandel, aber auch die Verringerung internationaler Abhängigkeiten erfordern eine Energiewende, die zwar erhebliche wirtschaftliche Chancen für ländliche Räume mit sich bringen kann, zugleich aber bislang noch nicht vollständig absehbare Auswirkungen auf die Kulturlandschaften haben wird. Der erforderliche Ausbau etwa der Windenergie und der Photovoltaik stellen erhebliche Ansprüche an die Flächen vor allem in ländlichen Räumen. Im Interesse des Klimaschutzes, aber auch der Biodiversität, sind eine Extensivierung der Landwirtschaft, verstärkter Moorschutz und die Sicherung umfangreicher Flächen für den Artenschutz unerlässlich. Da Flächen jenseits der Agglomerationen und städtischen Siedlungen sehr begrenzt sind, nehmen die Flächenkonkurrenzen absehbar in dramatischer Weise zu.

Weitere Ansprüche an „Räume“ ergeben sich aus sozialen und ökonomischen Zusammenhängen: Wenn im Sinne einer Reduzierung internationaler Abhängigkeiten globale Verflechtungen etwa im Bereich der agrarwirtschaftlichen und industriellen Produktion – nicht zuletzt aus Sicherheitsgründen – verringert werden sollen, dann verlangt das auch nach Standorten und Flächen für entsprechende Produktionsmöglichkeiten. Das absehbare Wachstum der Bevölkerung insbesondere in den städtischen Regionen verschärft die Probleme auf den Wohnungsmärkten und führt zu sozial unverträglichen Steigerungen der Wohnkosten. Es ist fraglich, ob alle zusätzlichen Bedarfe an Flächen für Lebensmittelproduktion, an Standorten für die industrielle Produktion und an Wohnbauland ausschließlich durch Restrukturierung und Umnutzung von bisher anderweitig genutzten Bestandsflächen gedeckt werden können.

Zusammenfassend betrachtet zeigt sich, dass Flächenkonkurrenzen und Raumnutzungskonflikte absehbar deutlich zunehmen und zu schärferen Auseinandersetzungen führen werden. Die stattfindenden und die noch erforderlichen Transformationsprozesse haben eine räumliche Dimension. Die integrative Perspektive von Raumentwicklung und Raumplanung kann wichtige Beiträge zur Bewältigung der Herausforderungen und zur Vermeidung bzw. Lösung raumbezogener Konflikte leisten. Die Forschungsaktivitäten der ARL sollen das unterstützen. Sie wollen damit zum Gelingen der Transformationen in ihrer räumlichen Dimension beitragen.

Es ist keinesfalls sicher, dass die Vorteile einer integrativen raumplanerischen Perspektive zur Vermeidung, Reduzierung und Lösung dieser Konflikte in Politik und Gesellschaft erkannt und genutzt werden. Genauso gut ist es vorstellbar – Beispiele der jüngsten Vergangenheit zeigen das eindrücklich –, dass einzelne sektorale Ansprüche mit Verweis auf überragende gesellschaftliche Bedeutung top-down und ohne integrativen planerischen Anspruch durchgesetzt werden. Die dann unvermeidbaren Konflikte werden eine nachträgliche Folgenbewältigung erforderlich machen, was wiederum auch räumliche Perspektiven verlangt. Diese Überlegungen zeigen, dass raumbezogene Konflikte in Zukunft immer bedeutsamer werden und der Umgang damit erhebliche Auswirkungen auf den gesellschaftlichen Zusammenhalt haben wird. Nicht zuletzt lassen sich (vermeintliche) raumbezogene Benachteiligungen auch für politische Narrative des Verlustes und des (befürchteten) Abstiegs nutzen, was in der Politik für populistische Zwecke hervorragend zu nutzen ist.

Vor diesem Hintergrund sind viele der in diesem Forschungskonzept angesprochenen Fragestellungen jetzt und noch mehr in der Zukunft von hoher gesellschaftlicher Relevanz. Zugleich wird deutlich, dass einzelne unvorhersehbare Ereignisse dramatische Folgen haben können, die auch die Ausrichtung raum- und planungswissenschaftlicher Arbeit verändern müssen. Insoweit kann es sich bei diesem Forschungskonzept nicht um einen abzuarbeitenden „Forschungsplan“ handeln, sondern es werden Korridore für absehbar sinnvolle Fragestellungen definiert. Selbst für diese muss eine gewisse Flexibilität beansprucht werden, um unvorhersehbaren Veränderungen und Herausforderungen für Raum- und Planungswissenschaften gerecht werden zu können. Daher gewinnt die für Forschungskonzepte der ARL, die grundsätzlich einen sechsjährigen Zeitraum umfassen, immer vorgesehene Überarbeitung nach drei Jahren dieses Mal eine ganz besondere Bedeutung.

Notizen